英国观念论名著译丛
British Idealism Library

黄涛　主编

〔英〕约翰·华特生　著
杨美姣　译

和平与战争中的国家

The State in Peace and War

John Watson

John Watson

THE STATE IN PEACE AND WAR

James Maclehose and Sons, 1919

本书根据詹姆斯·麦克尔霍斯父子出版社 1919 年版译出

纪念爱德华·凯尔德
已故牛津大学贝利奥尔学院院长

目　录

序言 ………………………………………………… 1

第一章　城邦：智者、苏格拉底与柏拉图 ………………… 3
　　伯里克利的葬礼演说 3/早期希腊哲学 4/智者 5/苏格拉底 7/犬儒主义者 8/昔勒尼学派 8
　　柏拉图：《申辩》9/《克力同》10/《普罗泰戈拉》11/《美诺》13/《欧绪德谟》14/《高尔吉亚》15/《理想国》16
　　批判性评价 26

第二章　城邦（续）：亚里士多德 ……………………………… 31
　　亚里士多德：与柏拉图的关系 31/国家的自然条件 31/家庭与国家 33/奴隶制 35/财产 36/对柏拉图共产主义的批评 37/公民权 40/教育 41
　　对城邦的批判性评价 41

第三章　世界国家、罗马帝国和中世纪 …………………… 47
　　斯多亚学派和伊壁鸠鲁学派 47
　　罗马共和国：波利比乌斯 51/西塞罗 52
　　罗马帝国：乌尔比安 54/《法学阶梯》55/基督教教父 55
　　神圣罗马帝国：9世纪的政治理论 57

封建制度与经院哲学：社会契约论 59/国家与公社 60/圣伯纳德 61/索尔兹伯里的约翰 61/托马斯·阿奎那 62/14 世纪的法学家 63/但丁的《论世界帝国》64/帕多瓦的马西利乌斯 66/封建主义的衰落和城镇的崛起 69/威克里夫与胡斯 69

第四章　从马基雅维里到格劳秀斯 …………………… 71

文艺复兴和宗教改革：马基雅维里，《君主论》和《论李维》71/路德，《论基督徒的自由》76/博丹，《国家六论》77/格劳秀斯，《战争与和平法》78

第五章　民族国家：霍布斯、斯宾诺莎和洛克 ………… 79

霍布斯，《利维坦》79/斯宾诺莎，《政治论》与《神学政治论》80/洛克，《政府论》88

第六章　民族国家（续）：卢梭、康德和黑格尔 ………… 90

卢梭，《社会契约论》90/康德，《法学原理》97/黑格尔，《法哲学原理》110

第七章　民族国家（再续）：边沁、穆勒父子和赫伯特·斯宾塞 ………………………………………………… 127

边沁 127/詹姆斯·穆勒 130/约翰·斯图尔特·穆勒 130/赫伯特·斯宾塞 137

第八章　民族国家（又续）：尼采、海克尔和特赖奇克 …… 142

黑格尔和特赖奇克 142/德国政治统一的发展 144/海克尔的唯物主义 146/尼采和伯恩哈迪 147/特赖奇克的《政治学讲义》148

第九章　现代国家分析 · · · · · · 159

从雅典到罗马的政治演化法则 159/历史演化概要 160/社会契约论的缺陷 167/国家与下级组织的关系 169/国家与家庭 170/国家与工会 171/国家与教会 171/国家与共同体 173/国家与政府 178/个人主义与唯心论 181/国际关系 185/国家的道德 185

第十章　权利体系 · · · · · · 190

权利体系 190/华莱斯的政治观 192/生命权 197/自由权 197/契约权 198/革命权 199/平等权 199/财产权 200/社会主义 200/康德的刑罚论 207/涂尔干的理论 207

第十一章　和平与战争中的国际关系 · · · · · · 211

国家作为人类的一部分 211/战争不是必然的 212/战争思想的历史发展 213/康德的《永久和平论》215/条约、会议和大会 216/海牙和平会议 218/美国"和平联盟"与英国"国际联盟" 257/真正的爱国主义 221/A. C. 布拉德利先生论联邦制的困难 224/约翰·麦克唐纳爵士论联邦制的条件 225/受质疑的均势理论 226/格雷子爵论国际联盟 228/与国际联盟不相符的抵制行为 230/大英帝国及其使命 230/希腊作者论战争 235/关于战斗人员和非战斗人员的规则 237/国际联盟与教育 242

参考文献 · · · · · · 245

索引 · · · · · · 251

序　言

本书尝试追踪政治观念从城邦起源到现代民族国家崛起这段历史中的演变，并提供我认为是后者真正原则的简明表述。我试图防止人们对这一原则产生误解，特别要指出的是国家和各种对国家的完善至关重要的附属组织之间的密切关系，以及国家和别国乃至整个世界的关系。此外，本书还增加了对文明战争规定的简要论述，并提到了大英帝国的性质以及关于国际联盟的提案。我主要避免提及当前的战争，仅简要指出了英国和德国的对立观念。或许看起来我绕了很远的路，但也许在这种情况下，"绕远路反而是回家最快的路"。

从柏拉图和亚里士多德的基本观念肇始的政治理论的发展，即国家的存在是为了创造最美好的生活，经历了罗马帝国和漫长而动荡的中世纪，展示出一个连续的发展过程，其中一个要素接一个要素地凸显出来，直到我们到达了现代民族国家阶段。在这个时期，制衡的理念、自然法、绝对主权、契约和功利的思想逐渐崭露头角，为清晰而简单的国家观念奠定了基础，即国家的存在是为了创造人类最高生活所需的外部条件。

与章节顺序大致对应，本书的末尾有一个参考文献，我认为它们或多或少有阅读的价值。总的来说，我最感谢的是格林（Green）的《政治义务原理》（*Principles of Political Obligation*），鲍桑葵(Bosanquet)的《关于国家的哲学理论》(*Philosophical Theory of the State*)及其他著作,爱德华·凯尔德(Edward Caird)的《希腊哲学家神学的演变》(*Evolution of Theology in the Greek Philosophers*)和《康德的批判哲学》(*Critical Philosophy of Kant*),以及D. G. 里奇(D. G. Ritchie)的《自然权利》(*Natural Rights*)。在历史部分,我从邓宁(Dunning)教授的《政治学说史》(*History of Political Theories*)中获益匪浅,另辅以科克(Coker)教授的《政治哲学读本》(*Readings in Political Philosophy*)。

也许我该补充说明,本书的文本是在停战协议达成之前就准备出版的。

加拿大金斯敦女王大学
1919年3月

第一章
城邦：智者、苏格拉底与柏拉图*

在修昔底德（Thucydides）至少实质上保存下来的葬礼演说中，伯里克利（Pericles）声称城邦具有两个卓越之处：它被一个单一的原则所贯通，并且它允许个体的能力得到自由发挥。在谈到雅典与斯巴达之间第一年战争中牺牲的雅典人时，他说：

"我所要说的，首先是讨论我们曾经受到考验的精神，我们的宪法和使我们伟大的生活方式。说了这些之后，我想歌颂阵亡将士。我认为这种演说，在目前情况下，不会是不适当的；同时，在这里集会的全体人员，包括公民和外国人在内，听了这篇演说，也是有益的。

"我要说，我们的政治制度不是从我们邻人的制度中模仿得来的。我们的制度是别人的模范，而不是我们模仿任何其他的人的。我们的制度之所以被称为民主政治，因为政权是在全体公民手中，而不是在少数人手中。解决私人争执的时候，每个人在法律上都是平等的；让一个人负担公职优先于他人的时候，所考虑的不是某一个特殊阶级的成员，而是他们有的真正才能。

---

* 此处原书目录与正文标题不一致，原书目录中第一章标题为"城邦"，本译本根据正文标题统一。——译者

任何人,只要他能够对国家有所贡献,绝对不会因为贫穷而在政治上湮没无闻。正因为我们的政治生活是自由而公开的,我们彼此间的日常生活也是这样的。当我们隔壁邻人为所欲为的时候,我们不至于因此而生气;我们也不会因此而给他以难看的颜色,以伤他的情感,尽管这种颜色对他没有实际的损害。在我们私人生活中,我们是自由的和宽恕的;但是在公家的事务中,我们遵守法律。这是因为这种法律深使我们心悦诚服。

"我们爱好美丽的东西,但是没有因此而至于奢侈;我们爱好智慧,但是没有因此而至于柔弱。我们把财富当作可以适当利用的东西,而没有把它当作可以自己夸耀的东西。至于贫穷,谁也不必以承认自己的贫穷为耻;真正的耻辱是不择手段以避免贫穷。在我们这里,每一个人所关心的,不仅是他自己的事务,而且也关心国家的事务:就是那些最忙于他们自己的事务的人,对于一般政治也是很熟悉的——这是我们的特点:一个不关心政治的人,我们不说他是一个注意自己事务的人,而说他根本没有事务。我们雅典人自己决定我们的政策,或者把决议提交给适当的讨论;因为我们认为言论和行动间是没有矛盾的;最坏的是没有适当地讨论其后果,就冒失开始行动……我可断言,我们的城市是全希腊的学校;我可断言,我们每个公民,在许多生活方面,能够独立自主;并且在表现独立自主的时候,能够特别地表现温文尔雅和多才多艺。"[①]

伯里克利声称雅典已经解决了的问题,即将公共权威与个

---

① Jowett's *Thucydides*, ii. 35ff. (中译文引自修昔底德:《伯罗奔尼撒战争史》,谢德风译,商务印书馆,1985年,第129—133页。——译者)

第一章　城邦：智者、苏格拉底与柏拉图

人自由相结合的问题，正是柏拉图和亚里士多德所关心的问题。他们认为，国家必须使其公民能够实现真、美和善，而且要在不损害个体自由和独立的前提下做到这一点。

在希腊思想摆脱习俗和传统这一阶段时，它首先将注意力集中于外部世界，试图解释整个宇宙的生命和运动。在寻找单一原则的过程中，它遭遇了这样一个观念，即在一切变化之下存在着一个不变的基质（substrate），它试图应用这个原则来解释人类生活以及自然生活。毕达哥拉斯学派（Pythagoreans）将物质元素化约为数，并将这一原则应用于解释人类行为的世界。他们宣称，正义是一个平方数，国家在各部分表现得平等才是正义。行使正义就是夺取那些拥有过多份额的人的份额，并给予那些拥有较少份额的人。在赫拉克利特（Heraclitus）那里，我们也可以发现将世界法则应用于国家法则的一个例子。然而，只有当我们转向公元前5世纪的雅典时才会发现明确的政治理论。自然被构想为一个目的论体系，从而实现了从物理学到政治学的过渡。人们不再假定自然界和人类适用相同的法则，人与自然的比较是通过类比而不是同一的方式进行的。正如大宇宙中存在秩序一样，国家这个小宇宙也被认为必须存在秩序。然而，在智者的影响下，我们发现自己置身于一种新的氛围中。他们的关注点不再是国家，而是个体。此时，"自然"与"习俗"明确对立起来。这种变化是如何发生的？

习惯法源远流长的古老观念被历史的进程所动摇。殖民活动通过建立具有新法律的新国家，并通过反思不同部落和民族的各种习俗，似乎使人们对是否存在关于人类事务的绝对法律

产生了怀疑。波斯战争通过增强民族和个体的自我意识，推动了思想自由的发展，这种自我意识首次出现在普罗泰戈拉（Protagoras）和高尔吉亚（Gorgias）的哲学中。普罗泰戈拉将他的视线从外部自然转向人类，并宣称"人是万物的尺度"（man is the measure of all things），而高尔吉亚则声称由于无法认识自然，我们应该把注意力集中在人类事务上。后来的智者继续争辩道，正是出于自身的利益，人类建立了国家和一般意义上的人类制度。一旦产生这种思想，就会不可避免地推论出法律和制度不是自然存在的，而只是约定俗成的。这意味着习惯性的道德观念并非如同早期时代所认为的那样是神圣的法令，与之相反，它们明显与理想的道德准则相对立。智者认为，法律事实上源于个体对愉悦和满足的欲望。"正义是强者的利益。"

这种基于个人主义产生的政治理论就是社会契约论。人们认为，国家的出现是因为人们意识到，为了更好地保护自己的个人利益，他们愿意放弃纯粹自私的利益。他们相信，通过彼此合作，放弃即时的满足，最终会使自己获益更多。因此，他们订立了一份契约，放弃他们的自由，以换取对其生命的保护和保存。这一理论的另一种更极端的形式认为，国家是弱者战胜强者的一种手段。据说，这颠倒了事物的真正秩序，即强者因其力量而有最大的权利享受最好的东西。

这种认为一切都是遵循习俗的政治理论还被应用到了宗教领域。普罗狄克斯（Prodicus）认为，最早受到崇拜的神是自然力量的化身，而克里提亚斯（Critias）则认为，它们是人类为更好地获得安全的共同体生活创造出来的。智者阿尔西达马斯（Alcidamas)宣称，没有人在本性上是奴隶，一切高低等级的区分都纯粹是习俗的约定。甚至家庭和私有财产的制度也受到了攻击，后来由柏拉图提出的赋予妇女与男性相同的工作和特权的共产主义似乎已经被预见。然而，并非所有智者都持有如此极端的观点。普罗狄克斯是伦理道德的传道者，而据柏拉图所言，普罗泰戈拉认为，尽管人们聚集在城市中是为了自我保护，但法律和秩序是神圣的规定。

苏格拉底提出了一种更真实的理论，他试图用自我知识（self-knowledge）取代智者的自作断言（self-assertion）。他教导人们要自律，而不是顺从自然冲动，因此他坚持认为，必须明确认识道德规则的性质。基于此，他要求人们不仅要有道德地行动，还应该清晰地理解为什么要这样做。他由此提出了对定义的要求。人们通过定义明确的东西就变成了一种明确的行动原则。在这个意义上，他宣称"美德即知识"（virtue is knowledge）。他并没有试图给人们强加新的行为规则；相反，他认为我们只需明确指出人们出于习惯所遵循的行为规则，就会看到道德对人们具有普遍的约束力。当这样做时，人们会发现所有道德规则都有一个共同的目的，那就是快乐和幸福。他践行诘问法的对话艺术，旨在让人们意识到自己的无知，从而引导他们看到清晰定义的必要性。他说，每个从事一门行业的人都非常清楚自己为什么要做某些事情，然而，人们却继续在对生活的真正意义一无所知的情况下满足地生活着。因此，苏格拉底努力唤起人们摆脱这种致命的惰性状态，将道德或政治事务视为"职业"（profession），这是这个词最为崇高的意义。也因此，他反复灌输生活艺术的必要性。谁会相信一个不能分辨北极星和金星、对洋流一无所知、不知道他的船如何掌舵的引航员呢?然而,人们满足于对国家之船的一无所知。为了纠正这种状况,苏格拉底矢志不渝,并最终在追求柏拉图所谓的他的"使命"中献出了生命。

在应用他的"美德即知识"原则时,苏格拉底倡导智慧的贵族统治。他不满于那种从未思考过政治含义的人所构成的主权议会。因此,指控他不是雅典民主的朋友在一定程度上是有道理的。但指责他腐化年轻人的思想是完全不公正的——除非在这样一种意义上,即对传统观念的根本批评总是令人不安的——因为他认为,统治者应当是那种只为公民的最大利益而行动的人。

犬儒主义者(Cynics)将自身视为苏格拉底的追随者,但实际上误解了他的"美德即知识"的教义。他们认为,智慧之人足以自足。他们反对整个社会,坚称一个人和另一个人一样好,一个国家也和另一个国家一样好。"雅典的土地上只有蠕虫和蜗牛,我为什么要因为属于这片土地而感到自豪?"他们争辩道,如果美德即知识,那么外部事物不仅无助于人的正常生活,反而只会起到阻碍作用。犬儒主义者承认的唯一公民身份是世界公民身份,这实际上等同于没有公民身份。因此,他们破坏了城邦的整体概念,而世界对于任何更广泛的社会形式还毫无准备。他们的生活理想是像动物一样,动物没有城市、法律或人造制度。事实上,第欧根尼(Diogenes)认为,必须有法律,但它必须存在于一个世界国家中,其中所有人都是平等的。

昔勒尼学派(Cyrenaics)也声称自己是苏格拉底真正的门徒，与犬儒主义者一样，他们也是个人主义者。的确，美德即知识，但知识告诉我们，人所追求的是快乐。因此，国家被视为多余的存在。他们认为，法律只是一种纯粹的约定；事物的对错是通过约定而不是自然来决定的。然而，他们承认一个人可能会在追求朋友或国家的利益中找到快乐。因此，个人享乐主义总是会演变为功利主义。昔勒尼学派还补充说，大众的福祉就是世界的福祉，而不是城邦的福祉。这直接地剥夺了城邦观念的所有内涵，只剩下个人及其欲望。毫无疑问，最终的理想是造福所有人，但首先必须通过国家的利益来实现。事实上，昔勒尼学派的兴起在某种程度上是城邦衰落的表现，同时也一定程度上加速了这种衰落。

柏拉图是苏格拉底的真正追随者，他发展、弥补并纠正了导师的片面之词。从"美德即知识"的论点出发，他在其早期对话中阐述了其应用，然后发现这个观点过于狭隘，于是将其扩展到涵盖一切形式的存在以及所有生活和行动中。

《申辩》(Apology)虽然主要谈论的是苏格拉底的生死之问，但也间接讨论了个体在多大程度上有服从国家法律的义务方面的问题。这个问题在索福克勒斯(Sophocles)的《安提戈涅》(Antigone)中被探讨过，女主人公拒绝服从克瑞翁(Creon)将她的兄长曝尸荒野的命令，理由是存在着"天上的无形之法"，这些法则优先于地上统治者的法令。苏格拉底被怀疑是一个贵族集团的领导者，被指控腐化了年轻人的思想，并且不敬畏城邦的诸神。这些指控引发的问题引起了人们长久的兴趣，这实质上与后来路德(Luther)在更晚时代所面临的问题相同。对国家法律所基于的传统观念提出疑问必然会使普通人的心灵感到混乱和不安，因为他们习惯于将共同体的普通习惯和法律视为上天的启示。另外，在知识分子、道德家或宗教改革者心中，存在一种超越所有现实法律体现的理念，驱使着听从内心指引的人表达自己的观点，而不管后果如何。苏格拉底的工作主要是作为一个直接的知识改革者，坚持质疑被人们接受的观念，迫使人们产生疑问：他们习以为常采取行动的原则是什么。因此，当他面临生死抉择时，他的答案与安提戈涅和路德一样："这是上帝的命令。无论宣判我无罪还是有罪，我都不会改变我的方式。"或者用路德的话说，"我不能选择别的立场"(Ich kann nicht anders)。这就是柏拉图对国家在多大程度上可以公正地要求人们默许服从其明确命令这一问题的回答。没有哪个国家可以通过武力合法地阻止个体的发展，如果一个人意识到自己至少拥有更高真理的种子，他就必须不计后果地服从"内心之光"。然而，问题还有另一面。在《克力同》(Crito)中，苏格拉底被描述成受人诱惑要逃离他等待死亡的监狱。他会再次违反法律以拯救自己的生命，还是会屈从他必定认为是不公正的判决？这不同于之前的问题。之前的问题是，是否可以违反更高的法律行事，从而违背自己的良心；而这里的选择是为了个人目的而违抗法律。苏格拉底毫不犹豫，只要不涉及对更高法律的服从，他将不会采取任何行动来削弱或破坏城邦的神圣性。没有人可以使自己的利益与国家的意志相对抗，即使他认为国家的命令不公正。柏拉图说，我们必须记住，个体是共同体的子民，虽然坚守对更高法律的服从是正确的，但出于个人原因而反对我们的"造物主"永远都不正确。此外，个体不仅应该出于从国家获得的培养而对其抱有感恩之心，而且他已经订立了一个隐含的要遵守它的法律的契约。当一个人达到法定年龄后，他就可以选择自由地移民到另一个国家，但如果他选择留在自己的国家，就默认同意服从其权威。柏拉图并非说共同体是建立在个体契约基础之上的，因为在这种情况下，契约可能会被解除；他的意思是，在任何良好组织的国家中，承认个体权利意味着个体有义务服从其法律。因此，这两篇对话的核心观点是：如果更高的非个人法律被违反，就违抗法律；如果只会对个体利益产生不利影响，就服从法律。

苏格拉底对自己国家的习惯法所持态度的合理性在于他的这一观点，即道德依赖于将习惯观念提升到明确的自我意识中，而这再次涉及道德是一种可以教授之物的断言。证明这一命题是柏拉图《普罗泰戈拉》(Protagoras)的主要目标。在这篇对话中，苏格拉底的命题"美德即知识"可以在善与快乐是同一之物的基础上来辩护。这就是后来被称为"心理享乐主义"(Psychological Hedonism)的学说。无论人们相信自己的善的特殊对象是什么，真正和最终的目标都可以说是快乐，即时的对象之所以被人重视，纯粹是因为对它的预期会带来快乐。因此，美德之人与邪恶之人的区别最终可以被归结为对能够带来快乐的对象的认识或无知。为了能够依照美德行动，关键是建立一个关于快乐的计算体系，我们借此将免于听从当下的偶然建议。由于没有人会故意选择较小的快乐而放弃更大的快乐，拥有这样一个快乐计算体系的人据说会不可避免地表现出美德，也就是说，会根据在整个生活中带来最大快乐的方式来行动。

然而，在这篇对话中，柏拉图借智者普罗泰戈拉之口提出了一种截然不同的看法。这个观点主张普通道德的实质合理性，因为它基于普通人的常识。普罗泰戈拉通过一则寓言来阐述他关于生活的理念，在这个寓言中，人类在原始状态下是所有动物中最无助的。在自然状态下，即使拥有生活技能的人也被描绘为不断为生存而斗争，并面临着被更低等动物侵害的危险。但宙斯(Zeus)派遣赫尔墨斯(Hermes)携带敬畏($αἰδώς$)和正义($δίκη$)而来，以此作为城市的秩序原则以及友谊与和解的纽带。因此，城邦社会实际上是天赐之物，而不是依赖于受恩惠个体的特殊才能或能量。普罗泰戈拉说："如果只有少数人分享美德，就像只有少数人具有特殊艺术的能力一样，城邦就无法存在。"正因如此，所有公民都有资格在涉及公共福祉的问题上发言。在这方面，所有公民都是彼此的教师。道德是通过家庭和学校的常规社会培训，以及社会赋予或施加其成员的奖励和惩罚来培养的。不需要苏格拉底所要求的科学反思过程，而是通过多种思想的相互交融，自然而然就形成了人们关于正确和错误的共同感知。如果国家不是为了阻止罪犯和其他人做坏事，为什么会对恶人施以惩罚呢？这显然意味着美德是可以被教授的。

可以说，柏拉图并不是毫无保留地支持这两种观点。他已经开始意识到，习俗道德并不仅仅是无知，也不依赖于哲学讨论，尽管可能需要这样的讨论将其内容清晰地呈现在头脑中，并使其摆脱不一致的地方。另外，他并不准备承认，对道德所依据的原则有理性认识的要求是完全错误的。他逐渐形成的观点是，在对共同意见不加批判的判断中，我们拥有了关于善的意识的第一种形式，而哲学的任务就是要分析和发展这种意识。因此，正如他开始认识到的那样，在无知和知识之间，存在着第三个术语——后来被称为"意见"（δόξα）——它具有两者的性质，但与两者都不同。实际上，对于完美的美德，科学知识是必不可少的；美德是一，只有通过系统的反思才能看到这种一。但同样真实的是，没有"意见"，就不会有任何可以从中发展出系统性知识的东西。

这一学说在《美诺》(Meno)中有所陈述，我们有信心认为这篇对话与《普罗泰戈拉》出自同一时期。它认为，知识可以被称为记忆而非重新学习。正如柏拉图以神话方式所表述的，灵魂在之前的状态中已经掌握了真理，却由于出生遭受的冲击而暂时丧失。知识就是重新获得以一种隐晦的方式已经拥有的东西。因此，从非反思的意识到反思的意识、从意见到真正知识的过渡，就在于对以直观形式存在的东西的认识。然而，这种过渡不仅仅是对在非反思意识中已经存在的真理的重新陈述，而是对作为相互关联的思想体系的一部分的特定命题的理解。因此，我们可以理解，为什么一个行为可以被正确地看作公正、节制或勇敢的，尽管做出这种判断的个体可能完全无法定义公正、节制或勇敢。在我们的普通道德判断中，虽然确实没有明确的表述，但是普遍原则和特定情况是结合在一起的；反思所做的并不是引入一个新的原则，而只是将特定判断中涉及的原则提升到清晰和明确的意识中，从而显示它为什么被视为善。如果人们追问为什么我们不应当满足于普通道德判断，柏拉图的回答是，只要引导我们行动并为之辩护的原则没有被清晰地把握，我们就有可能陷入混乱，并认定那些实际上并非真正善的东西为善。这就是一切纯粹本能行动的弱点，它在关键时刻容易让我们失望。只有经过理性知识，由清晰把握的原则所启发的知识才能满足生活中的所有需求，也只有这样的知识才能传授给他人。正是因为缺乏这种理性知识，优秀的政治家无法将他们的才能传给他们的后代。他们自己从未超越"正确的意见"的阶段，而正确的意见，就像宗教领域的占卜一样，无法从一个人传达给另一个人。

如果完美的美德只能通过全面而科学的教育来获得，那么真正的政治家必须是在国家政府中拥有明确政治原则知识的人。这就是《欧绪德谟》(Euthydemus)的核心思想。真正了解政治原则的政治家的伟大目标是将他自己所拥有的知识传授给公民。其他所有结果，包括财富、自由、宁静，其本身既不是善的也不是恶的；政治科学应使人明智和善良。只有那些真正了解政治艺术的人才有发言权。智慧必须统治一切，但智慧并不是每一个未受教育的工匠都能拥有的，他们认为自己粗糙的意见和高度受过教育的政治家的意见一样有价值。因此，必须有一个特殊的阶层来负责国家事务。普罗泰戈拉关于每个公民的政治洞察力都与其他公民相同的观念，是不可接受的。诚然，即使是普通公民对政治事务也有或可能有"正确的意见"，但同样他也可能没有；我们不能将国家托付给那些可能拥有错误意见，也可能拥有正确意见的人。因此，柏拉图坚定地支持后来在《理想国》(Republic)中被详细阐述的学说,即只有开明或贤明的政治家才有权在国家事务上发表观点。

在另一篇对话《高尔吉亚》(Gorgias)中,柏拉图继续基于先前阐明的一般原则来重构伦理学,即认知道德观念的本质是国家进行明智统治的唯一保证。他通过展示修辞学如何即使在宣扬错误的观点时,也能够对未受教育的心灵产生说服力,来说明意见和知识之间的区别。修辞学的影响在于对似是而非之物和真实之物的混淆。没有人真正希望作恶,尽管他可能认为自己这么做了;因为人类的行动从来都不是出于恶的本性,而是出于善的理念(sub ratione boni)。在做出特定行为时,人们实际上是在寻求善,他们所欲求的直接对象只有作为实现这个目标的手段才有价值。因此,真正的政治家会努力使欲望适度地服从整体,当发现灵魂处于病态中时,他将准备好惩罚并克制它,直到过度的欲望恢复到适当的比例。实际上,做不义之事是比受不义对待更大的恶,如果有人行不义之事,他应当渴望受到惩罚。逃避惩罚的人会继续走上邪路,违背自己的真正意志,而受惩罚的人可能会从恶中解脱出来,从而实现他的真正意志。在探寻决定如何行动时,我们必须从整体或善出发,行动应当根据这一标准来判断,而不是根据它们满足特定欲望的偏好来判断。正如一个生命体并不单纯是各部分的总和,而是一个真正的整体,在这个整体中,每个器官都必然包含其他所有器官,人的善并不在于一系列特定的满足,而在于他的整个本性的满足。善不是一个纯粹的假设,它不是道德家的创造物,因为每个人在做出道德判断时都在心中默认了它的存在。只有那些智者或唯物主义者才会认为，直接的对象代表了意志的真正和最终目标，并基于这个错误的假设得出了道德判断只是约定俗成的错误推论；而真正的道德家从普通人的道德判断出发，将其从混乱和不一致中解放出来，回归到所有正确判断产生的组织原则中。因此，那些只考虑通过满足公民的即时欲望来赢得掌声的政治家是在违背政治的真正目标，即发展智慧和道德品质。正如有一门关注身体健康的艺术，同样也有一门关注灵魂的艺术，其目标是培养美德。后者的艺术，即政治艺术，和医学一样存在两个分支：一个是调节灵魂的成长和健康行动，另一个是治愈灵魂的疾病。智辩术以错误的原则来调节灵魂，修辞学仅仅通过"使坏的理由看起来更好"的伪装方式来纠正不公。那些仅仅寻求扩大国家规模，以港口、船坞、城墙充斥城市，并为其提供丰厚财政收入的政治家，错失了政治的真正目标，没有为正义和节制留下任何空间。要成为真正的政治家，一个人必须接受政治艺术的训练。他必须拥有正确的道德目标，同时还必须全面了解政治艺术；他必须既无私又专业。政治是一门艺术，与其他艺术一样，要求对工作的无私热爱和对训练有素的知识的拥有。

柏拉图并不像伯里克利那样用过分偏颇的眼光看待雅典。他认为，市民的行为不应由本能的判断来决定，因为这些判断可能对也可能错，而应该由明确理解并付诸实践的原则来决定。他认为，政治家的一个鲜明不足在于，虽然他可能拥有治理的天赋，但他无法向其他人解释自己行动的原则。实践技巧可以引导一个人走向正确的方向，但无法传递给他人。他在《理想国》中还主张,需要一种完全系统化的教育方法,通过这种方法可以培养真正的政治家,使其能够以理性而非强迫的方式影响公民的思想。因为理性不是某种特定心灵的特有属性,而是统一的伟大原则。如果人们在行动的原则上达成一致,整个共同体将拥有共同意志(common will)①。国家的目标是培养最优秀的公民,要实现这一点,不能没有统治者的教导,也不能没有公民的认同。智慧不是每个未受教育的工匠都能拥有的,他们可能认为自己不成熟的意见与受过训练和教育的政治家的意见具有同等价值。政治既是一门科学,又是一门艺术,因此,必须由一类特殊的公民负责国家事务。

就此而言,柏拉图的观点并不是说每个国家都必然适于实现公民的最高善。一个国家可能如此糟糕,以至于只会加深真实之善和表象之善的混淆。然而,尽管如此,柏拉图坚信,最佳生活离开共同体是不可能实现的。正是通过国家这个有机体,人们才可以被教导区分真实的意志和表象的意志。因此,政治家必须着力于人的根本本性,他的专门任务是立法,以促进对善的永不磨灭的意志,并抑制和净化对特定目标的即时欲望。因此,国家不是未开明的个人的任意产物,而是揭示人类真实意志的必要因素。因此,对于柏拉图来说,"什么是好人"的问题立刻融入更深层次的问题中,即"什么是一个好的国家"。如此一来,道德哲学与政治哲学密不可分。真正的政治哲学的目

---

① 在本书中,作者同时使用 common will 和 general will 两个概念,含义大体上与卢梭的 general will(一般译为"公意"或"普遍意志")概念一致(参见本书第 91 页),但在个别地方也有些许不同(参见本书第 114、192 页)。本书将 common will 译为"共同意志",将 general will 译为"普遍意志",以作区分。——译者

标是教导公民过上美好的生活，而对政治才能的研究和实践对于创造最好的共同体形式是必不可少的。政治家必须知道什么是真正的善，否则他的立法只会进一步巩固人们对其即时目标的忠诚。因此，我们必须建立一套全面的教育体系，以便理解真正的善的本质，并将其与更低级别的目标区分开来。关于国家职能的错误观点是其腐败的原因，因此我们必须审查并驳斥智者的学说，即有组织的共同体纯粹是一种约定。国家并不是像他们所教导的那样存在于统治者的自我满足之中，而是为了培养公民对共同福祉的无私利益存在。事实上，个体的福祉只有通过关注整体的福祉才能得到保障。道德法则不是约定俗成的，而是对人类灵魂真正本质的表达。国家是由理性统一的灵魂共同体，为追求道德目标而结合在一起，所有的国家规定都应以实现这一目标为出发点。然而，这种国家的理念远未在现存的共同体形式中实现；相反，这些共同体受个人主义影响，为智者的错误观点提供了过多的支持。事实上，如果没有"最大的智者大众"，他们的影响力将微乎其微。柏拉图的目标是通过培养公民的真正意志来使破裂的国家恢复到统一状态。他认为，这个目标只能通过将权力从无知的暴民和以自身私利为目的的政客手中夺回来实现。鼓励无知和自私的煽动者占主导地位的民主制度在柏拉图看来似乎与共同体的真正目标并不一致。由于政府必须由受过训练的人而不是无知的乌合之众来管理，每个人应该在适合他的本性和训练的领域发挥自己的特长。柏拉图并不迷信绝对的独立自由，他愿意进行任何程度的干预，只要这是为了个体更深层次的意志和真实自我的显现所必需的。

他对滥用国家权力谋取自私目的的寡头制和基于暴民自私之上的民主制一样敌视。国家不应该分裂为两个敌对的阵营：富人和穷人，压迫者和被压迫者。柏拉图准备好通过废除财富来打击贪婪的根源，通过废除家庭制度来消灭自私。他也不允许男女之间有任何绝对的分裂，因为在他看来，这种分裂会因传统偏见而失去对共同体一半的贡献。

尽管柏拉图的讨论始于国家，但他实际上假定了灵魂的三重划分，即欲望、激情和理性，将三者作为他将国家分为三个等级的基础。在最低等级，社会是灵魂中欲望部分的表达。它是为满足某些生理需求组织起来的。这种组织的必要性在于，没有任何人能够自给自足，然而他却可以为他人提供一些所需之物。这不可避免地产生了职业分工，涉及相互交换各自生产的物品的组合。因此，互惠原则是国家的基础。这个原则不仅仅是经济原则，因为柏拉图将整个社会构想为建立在劳动的合理分工和根据每个人的自然禀赋分配特定职能的基础之上。这个原则在社会经济方面得到了体现。通过专业化，人可以生产更多的商品，而这些商品的质量比每个人耗费精力生产各种不同种类的商品时更好。自然本身已经表明了这个原则，因为没有两个人拥有完全相同的自然品质。因此，产业社会不断发展并自我分化。我们发现，畜牧业、农业和机械产业需要不同类别的生产者，而通过对外贸易和商业的增长，经济社会得到了扩大。然而，这样构建的社会仅仅满足了基本需求，本质上不过是一个"猪的城邦"，因为它缺乏那些使文明之人认为生活有价值的精致和更高层次的目标。

到目前为止，灵魂唯一发挥作用的部分是欲望。在其形态更为发达的国家中，理性才会显现。随着奢华、精致的增长，以及美术、诗歌和医学等附带之物的发展，人们会发现，土地上容不下那么多人了，于是就爆发了战争。此时，理性的要素开始发挥作用，在其作用下组建了社会的军事组织，其功能是保护国家免受侵略并维护内部秩序。因为一个国家必须强大，只有这样才能保持高级生活的发展条件。那么在我们的国家里，是否应该存在一个专门从事战争的特殊阶层，就像在经济领域我们发现真正的原则是职业的专业化？答案是肯定的。必须有一个军事阶层来保卫国家免受攻击，这个阶层的成员必须根据与经济社会组织中的职业分配相同的自然禀赋原则来选拔。天生适合充当守护者的人是那些拥有某种精神力量的人，即人性中的好斗要素。但他们也必须具备一个相反特性的要素，即将人们团结在一起的智慧，柏拉图称之为"哲学"要素。就像一只好的看门狗，对朋友温和，对陌生人凶猛，守护者必须爱他们的同胞，只对自己国家的敌人毫不妥协；这种基于知识的爱是理性发挥作用的一种方式。

然而，理性在统治者身上表现得最完美。在军事阶层，它只以本能的形式出现，而在统治者身上则变得具有自我意识，因为国家的明智治理意味着以爱国的形式运用理性。真正的统治者将是那些在无私奉献中找到最高善的人。因此，维系国家的真正纽带是理性。正是理性通过教导人们相互理解而将他们联系在一起。统治者必须像守护者一样成为一个独特的阶层。理性，包括爱，只在极少数人身上明显地显现，这些人在被派去管理他人之前必须接受最严格的考验。他们将被从军事阶层中最有前途的人里面选拔出来。他们必须具备哲学家气质，并接受训练，以识别正义、美德和节制，以便他们可以按照这些美德的形象来塑造他们所管理的公民。那位同时也是"哲学家"，即爱智慧之人的统治者，必须能够看到所有其他观念对于"善"这一理念的依赖。因此，他会将所有人类行为都视为从属于这一至高原则。只有当国家由拥有这种对人类生活有全面认识的人来引导时，它才能变得完美。

因此，共同体必须是一个整体，同时，必须有职业的专业化和适当的阶层划分。那么，在一个完整的国家中需要哪些美德？通常认为答案包括智慧、勇气、节制或自制，以及公正。现在，智慧是一种明智地处理整个共同体内外关系的方式。只有极少数人才具备以这种方式处理这些关系的能力，我们必须让这些人成为统治者。因此，智慧是统治者的特殊美德，只有他们知道什么对整个共同体最好。勇气的典型表现形式再次出现在战场上，但柏拉图对它的概念进行了扩展，使它包括被我们称为道德勇气的一切，也就是在面对我们本能会退缩的任何事物时坚守自己认为正确的信念。为了确保在国家里存在那些在任何情况下都被信任可以展现这种美德的人，我们必须选择那些具有恰当天赋的人，并慎重地教导他们。正因为如此，我们坚决强调选拔我们的军事人员，并通过体育运动和艺术来训练他们的必要性，以使他们能够胜任自己的角色。因为勇气不是动物或奴隶的盲目或非理性品质，而是受过训练的公民的明智勇气，即在面临最大的恐惧或欲望诱惑的情况下，仍然有做正确的事情的能力。至于第三个美德——自制,我们已经看到,国家由统治者和被统治者组成,而且公民有必要将这视为共同体的适当形式。因此,自制可以被视为国家内部不同要素之间的和谐,这种和谐是当最好的统治和其他人都服从时,所有人都在这一安排中团结起来,以确保产生最好的结果。

还有另一种美德,即正义的美德,在《理想国》中,苏格拉底表达了对它究竟是何物的极大困惑。智慧是统治者的特征,勇气是士兵的特征,自制是工匠阶层的特征,但正义是什么?统治者、士兵和工匠是国家中的所有阶层,每个阶层都有其适当的美德。那么,正义是什么呢?我们一直在远处寻找它,而事实上它一直都在"我们身边"。我们国家组织的总体原则是什么?难道不是每个人都应该致力于在国家中履行他天生最适合的职责吗?我们发现这是经济效率的基础,后来证明这也是分配共同体不同阶层的特殊任务的原则。那么,难道我们不能得出结论,正义就是这种职责分配的原则吗?它不是像节制、勇气或智慧那样的特殊美德,而是由各个阶级行使其特定品质的美德。当统治者智慧、士兵勇敢、工匠自制时,整个国家就是公正的。简而言之,正义是所有人各司其职。

为了在国家中实现正义,柏拉图提出了两点建议:必须有一个共同的教育系统和一个共产主义体系。前者是为了消除傲慢和无知——柏拉图发现这些在雅典盛行——以此使人们准备好履行他们的特殊职责。同时,他认为,如果要消除过度自私的诱惑,后者是必不可少的。年轻人的教育一方面应该包括艺术和文学,另一方面是体育锻炼;而统治者的教育应该是科学和哲学。早期训练的最终目标是将内在的关注朝向善，而后期训练的目标是使心灵直接与其发生联系。为了发现适合统治的人，我们必须弄清楚那些接受训练的人是否愿意为了公共福祉而放弃私人利益，并且是否适合承担责任。他们必须摆脱智力懒惰以及痛苦和快乐的虚假影响，不能受其他人的影响。那些经受住了最后考验的人，在经过长时间的经验积累后，应该成为统治者，而年轻成员将充当辅佐者。从20岁到30岁，那些在早期教育中证明了他们的卓越能力，并表现出对科学有特殊才能的人，将在战争和国家所需的所有其他职责方面接受训练。从30岁到35岁，那些在科学研究中表现出色的人将接受哲学训练。在接下来的15年里，这些人将在战争中担任所有指挥职务，并处理其他不限于该年龄段的事务，总的来说，他们的生活将旨在获得政治经验。那些再次经受住所有考验的人在50岁时将生命的一部分投入到国家服务中，但也将被允许用其余时间来思考善的问题。因此，在柏拉图看来，生命的最终目标是哲学生活，他认为这是最高的目标。达到这一最高点的统治者仍然将为国家服务，不是因为他渴望获得荣誉，而是作为一种义务，为了回报他所接受的训练，为了他同胞的利益。因此，所有派系都将被排除在外，不会有争夺公职的斗争，也不会有随之而来的激烈冲突。

到目前为止，我们的结论是，人类社会应该根据这样的原则来组织，即每个人都可以为整体贡献自己最大的努力，并从整体中获得他最想要的东西。必须完全消除自私和一切试图在人性的低级而不是高级品性中寻找满足的尝试。必须消除一切耽于即时欲望的诱因，并充分发挥共同体中所有成员的潜力。那么，当我们只教育一种性别的人学习艺术和体育、科学和哲学时，我们是否充分发挥了这些能力呢？男女之间是否存在如此大的差异，以至于只有男性适合成为士兵和统治者？当然有性别差异，但它是否意味着女性必须被排除在防卫和决策职责之外？如果我们按照看门狗的古老类比，当然不是这样，因为在这里性别不会影响职责；如果人类没有充分的理由来划分性别差异，那么女性应该以与男性相同的方式接受训练并从事与男性相同的社会服务。所有问题在于，这是否有助于社会的更高利益。然而，有人可能否认社会的利益需要如此根本的变革，理由是，这与已经成为国家基础和正当的职业专业化是不一致的。这种反对意见没有真正的力量，因为两性之间的职责差异并不能证明在社会中履行的职责方面存在差异。毫无疑问，整体上，男性优于女性，但一种性别没有优于另一种性别的特殊禀赋。至于权宜之计，毫无疑问，男女都应该尽可能地表现得很好，因此，他们都应该接受同样的教育。

但是在我们理想的国家中，我们可以允许家庭继续以当前的形式存在吗？这个问题的答案只能通过考虑到国家不应拥有超过一定数量的公民，以及社会的原则是通过消除自私的诱惑来确保一个共同的精神来给出的。柏拉图希望通过一个复杂的系统来实现前者，该系统将使子女的生育和抚养由国家控制，并根据科学的原则确定，同时通过规范的共同生活制度来实现后者。

尽管已经勾勒出了一个卓越的国家形象，但它是否可行呢？

必须立即承认，理想不可能在字面上实现。正义是国家应该具备的完美模式，但我们永远无法在任何现实共同体中看到它的实现。然而它是否甚至可以接近于实现呢？柏拉图回答说可以，但前提是应该剥夺大多数现在拥有政治权力的人，所有权力都应该只给予真正的哲学家。他的意思是与那些自称哲学家的人截然不同的人；实际上，他指的是拥有最完整意义上的天才的人。只有这样的人，才能清晰地理解国家应该建立在哪个原则上，并且他们必须拥有广泛经验带来的特殊知识。两者都是必要的，但其中更重要的是对原则的坚定掌握，没有这个原则，经验就毫无价值。柏拉图所构想的哲学家拥有构成完美品格的所有品质。对他来说，最根本之处在于对真理的热爱，包括学习和与事物永恒本质融为一体的激情，或者拥有智慧；它产生了自制，因为它是一种吸引人的激情，排除了所有更低级的欲望；它赋予人勇气，因为那些拥有古今天地视野的人不惧怕死亡；他将是公正的，因为他没有恐惧、贪婪或个人激情，这些会使他偏离正义的轨道；最后，哲学的品性在于善于学习，并牢记所学到的东西，因此它能迅速适应事物的形式和压力。实际上，我们可以说，哲学的本性使一个人成为真正的人。国家的治理肯定可以放心地委托给这样的人。

但是，如果哲学的本性最适合统治，那么为什么那些专注哲学的人百无一用且不切实际，其中大多数要么很古怪，要么是奸佞之徒？这个事实不可否认，但必须在理论与实践分离的问题中来寻找答案。之所以说哲学家无用，是因为国家的主导权已被煽动者夺走，他们让那些善良但有些愚蠢的人相信，政治是一门无法被教授的艺术。国家灭亡的一个更为重要的原因是那些天生具备哲学天赋的人的道德败坏。那些本性适合追求最高境界的灵魂腐败的主要源头在于他们所处的有害环境。受害最深的是强者，而不是弱者。"最大的智者大众"尽其所能地腐化一个原本高贵的心灵。我们怎么会对生活的低贱观念感到惊讶呢？这些观念无处不在，无论是在议会、法院、剧院还是军队中，它们使哲学之魂偏离正道。当真理呈现出来时，社会的领导者立刻起来反对，并尽一切力量来腐化强者，将其用于自己卑鄙的目的。结果是，哲学被那些在适当环境中本应成为其最好代表的人所抛弃。然而，由于哲学仍然保留着伟大名字的荣耀，小心眼的心灵会声称自己是其代表。他们就像一个小秃头修补匠，得到一点点钱就趁主人的女儿贫穷和孤苦时娶了她。在这个邪恶的世界中，一个真正的哲学家能做什么呢？他只能继续做自己的工作，一言不发，就像身处暴风雨中的人躲在墙后，避免被冰冷的风雨冲击。因此，他经历了一种挫败，只有通过对社会的全面重建才能纠正，而这样的重建并非不可能。人们如此敌视哲学，是因为他们不了解其真正的本质，将其与含混的黑话混淆在一起。真正的哲学家居住在和平之国，生活在法则不变之世界中，这也是世界的真实本质。如果这个完美的法则只能以其自身的样子塑造人的性格，我们就应该在一个现有的国家中看到理念的具体实现。但是制造出这种类型的哲学家必然是一项困难而艰巨的任务，只能通过像上面所谈论的那种严格和长期的教育体系来完成。

　　我们现在已经对柏拉图式国家及其所划分的不同阶层的职

责和美德产生了一种总体看法。在柏拉图关于正义的描述中，我们立刻注意到他没有提及任何权利。事实上，在前两个更高的阶层中是没有个人权利的。柏拉图认为，唯其如此，人们才会信任他们只追求国家的利益。他们的所有行为必须无关欲望。因此，在柏拉图的理论中，共产主义不是偶然的，而是从他对理性和欲望的对立观念以及高等阶层只能被理性统治的必然性中不可避免地产生出来的。如果他们的精力被浪费在追逐财富上，又怎么能指望他们会毫不吝惜地为整体的利益付出精力呢？

柏拉图的共产主义与现代的社会主义不同，它与社会的经济状况无关。统治阶层没有财产，而是依靠劳动阶级提供给他们的必需品生活。与此同时，现代的共产主义旨在摧毁经济领域中不受限制的个人竞争。柏拉图消除了自私的个体之间争夺权力的竞争，因为他试图让统治者摆脱一切干扰，使其能够全身心地投入国家中，用尽他们所有的时间和精力；正是出于这个原因，他提倡共妻的共产主义，就像他提倡财产的共产主义一样。家庭对他来说似乎与他聚焦于公共福祉的社会理想是不一致的。在柏拉图看来，每个单独的家庭似乎都是排他性的中心。他首先使妇女摆脱了家务琐事的困扰，将她的精力释放出来为国家工作。因此，她与男人并肩作战，准备与其共同承担。这种家庭观念的根本缺陷不在于其目标，哪怕这个目标是高尚的，而在于其依据的错误婚姻观。家庭关系的物质基础并不是其最深层的目的。将家庭仅仅视为生育和抚养子女的工具，就忽略了柏拉图在另一个方面指出的事实，即在家庭关系的更高层面上，物质基础已完全被超越了。最高形式的友谊就建立在这个基础之上，必须记住，孩子在家庭中接受的教育无法被国家规定的冷酷方法替代。

柏拉图的共产主义理论基于一个站不住脚的假设，即社会的弊端可以通过改变外部条件得以纠正。正如亚里士多德所说，除非改变思想，否则无法摆脱社会痼疾。使人自由的是真理，而不是外部组织的单纯改变。正是本着这种精神，亚里士多德将捍卫财产作为道德生活的基础，并证明家庭是更广泛的共同体生活的必要条件。更高级的自我必须建立在关于个体个性的最初意识之上，而柏拉图试图将个体转化为整体的简单要件的尝试注定要失败，因为它剥夺了那种强烈的个性意识，这种意识是更高级生活的条件。没有自我意识的人不可能无私。整体的善只能通过从属的部分来实现。的确，人们必须学会超越单一生活的独立个体性，但这种进步只能通过家庭提供的道德教化以及涉及个人财产权的贸易和商业来实现。还可以补充的是，正因为柏拉图没有考虑通过国家的下属机构能够产生的道德教化，所以他无法摆脱希腊城邦的狭窄局限。他试图通过限制人口数量来实现这一目标，因为如果超过某个数量，国家将无法发展他理想化的强烈爱国主义。这种对人口的人为限制在国家扩大到民族时就无必要了，更不用说当我们处理世界政策的更广泛统一性时的情况了。还可以指出，柏拉图的整个概念基于一个根本性的区分，即劳动阶层和统治阶层之间的区分，这只能导致两者都堕落。工匠被排除在通过积极参与政府而获得的训练之外，统治者也失去了参与积极生活获得的宝贵洞察力。不仅国家必须是有机的，而且其中的每个成员都必须积极参与所有事务，否则会出现阶层冲突和由此导致的政治体的削弱。

虽然我们不能接受《理想国》中所描述字面意义上的理想国家，但我们不应低估柏拉图以如此坚决和明确的方式提出的目标。国家应该是整个共同体最优秀思想的具体体现，这个思想必须通过各种机构发挥作用来实现。如果要实现这一理想，公民不应该有与整体利益相冲突的私人利益，这一点是必要的。正是因为这个原因，柏拉图试图通过消除自私行为的机会来消除这一冲突，尽管他在努力实现这一目标的手段上犯了错，但这一目标本身仍是社会的理想。柏拉图忘记了，或没有认识到，国家不能永远固定不变，而必须随着人们洞察力的增强不断发展。公民必须确信任何变革都是真正的进步，这只有在一个全体人民都参与政府，并通过经验学习哪些行动方向不会导致政治完全组织化的共同体中才可能实现。

尽管柏拉图的思考清楚地展示了他关于共同体的构想，即通过公民的结合可以实现最美好的生活，但他将国家局限于城邦之内，并对人类精神自由流动缺乏信仰，这导致了他对社会生活产生了一种抽象看法。柏拉图既不认为国家在人类发展中具有特殊职责，又对工匠阶层的政治智慧和上层阶级的无私缺乏信心。事实上，这两个缺陷是相关的，因为他认为，他的国家成员是具有特殊才能和美德的希腊人，所以他对个体公民没什么信心。当一个思想家从一个特定种族的概念出发，而不是从人类的概念出发时，他自然会否认理性是一种普遍的财富。

因此，尽管在对女性的领域和能力的看法方面，柏拉图远远超越了他所处的时代，但他对人的潜力认识不当，因此对他们的自由和独立缺乏真正的信心。他所设想的国家缺乏在生活和性格方面的差异化，而这对于国家的完美和人的充分发展至关重要。他的共产主义实际上是他的社会有限观念的附属品。在这方面，亚里士多德比柏拉图看得更远，因为他发现私有财产和家庭是最好生活的基本条件；尽管他仍不能摆脱这样一种偏见，即一个良好的国家必须像雅典一样，在领土上有所限制，并能够自给自足。

第二章
城邦(续):亚里士多德

柏拉图提出了一个城邦的草图,但这个城邦只体现了公民纯粹或真实的意志,而且为了摆脱其不完美,他愿意牺牲个性的自由发展,但亚里士多德认为,人们的真实意志可以在不损害个体独立性的情况下实现。无论是柏拉图还是亚里士多德,其国家概念都没有超越城邦范围,尽管在亚里士多德写作《政治学》(*Politics*)时城邦已近末日。

与柏拉图一样,亚里士多德也认为国家不应超越希腊城邦的界限,同时公民必须具备希腊人的一般特征。有序社会的真正功能不是任何外在的成功,也绝不是财富的积累,而是培养具有最高理智和道德文化的公民,其他所有公民都必须服从他们。由于社会的目的是实现最好的生活,亚里士多德认为,大多数人是实现这一目标的工具,而这一目标主要体现在少数特权公民的身上。他认为,实现这一目标的一个条件可以在希腊的地理特征中找到。正如荷马(Homer)在谈到伊萨卡岛时所说的,希腊是一个"土地崎岖,但能孕育出优秀人才的好地方"。希腊由连绵的山脉和起伏的沟壑组成,似乎其天性注定将分裂成一个个独立的小型共和国。从自然条件看,它是海洋国家,有绵延的海湾和半岛以及向东延伸的岛屿线。阿提卡(Attica)的内部资源适合从事商业和工业。尽管土地相对贫瘠，无法维持大规模的人口，却非常适合种植橄榄、葡萄和无花果。正如鲍桑葵先生曾指出的那样，雅典拥有"取之不竭的最优质的大理石储备，适于制作陶器的陶土，具有丰富渔业资源的海域，提供上等蜂蜜的多彩植物群，最重要的是银矿，从中可获得相当可观的收入，使雅典的银币具有类似于英国金币的普遍流通性，如果没有适合出口的商品，雅典总是可以用实物支付进口货物"[①]。雅典的政治家们充分利用了这些自然条件，他们看到国家的未来在于工业、商业和文化。特米斯托克利(Themistocles)说服人民将银矿的收入用于建造船只，从而确保了雅典的海上霸权。为了保卫港口，还需要一支舰队，于是修建了比雷埃夫斯(Piraeus)的三个天然港口。

亚里士多德非常重视这些自然的馈赠，同时也认识到拥有适当规模的人口以使这些资源能够得到充分利用的必要性。他认为，当自然被人类的思想转化为一个世界时，它就不再是单纯的自然。亚里士多德说，国家的存在需要一些必要条件，它必须拥有领土和外部资源的供应，以及适当规模的人口。比物质条件更重要的是公民自身。如果这些公民具备适当的身体和精神品质，他们就能够利用物质条件来完善社会。自然本身经常在其中发挥作用，巧妙地利用那些必要条件。必须提供必要的手段和资源来保障生命的维持，但只要公民具备使他们能够充分利用自然优势的品质，自然就可以利用这一事实来实现更高的美好生活的目标。人类在利用自然提供的材料时，能够按

---

① *International Ideals*, p. 256.

照理性的原则塑造它。的确,"质料"并不总是与"形式"协调一致;但在这里,人可以介入其中并帮助自然实现其目标。因此,在一个良好的国家中,我们可以期望看到人们形成一个共同体,以实现他们潜在的和理想的本性。国家在其起源和目标上都是自然的。它起源于家庭和村庄,其目标在于实现最好的生活。为了实现这一目标,必须有一种自然的秩序和比例,因此亚里士多德不会接受某些形式的共同生活作为其最终形式。在分配其恩惠时,国家必须将财富和政治权力分配给那些最适合明智地使用它们的人,而不是给每个公民都分配相同的额度。正因为如此,他将社会分为两个部分:一部分,即最大的部分,只负责生活必需品的生产;另一部分,较小的部分,负责国家的真正生活。

在发展自己的观点时,亚里士多德牢记了柏拉图所表达的共同体观念。他在某种程度上接受了这一观念,因为它主张国家的存在是为了实现最美好的生活和培育最高水平的公民,但他拒绝接受柏拉图试图实现这些目标而寻求的规定。在《政治学》开篇,他就审查了柏拉图的父权政府理论,认为这个理论建立在对国家和家庭的混淆之上。在《政治家》(*Politicus*)中,柏拉图主张,正如家长有权管理孩子和奴隶一样,国家的领导者也有权管理公民,并规定他们的职责,而公民则没有自己的主动权。亚里士多德认为,国家不能由此等同于家庭。认为父亲对孩子和奴隶的权威与统治者对其臣民的权威是同一类型的观点是错误的。统治者必须表达公民的共同意志,因此公民的同意被默认为是必要的。的确,国家起源于家庭,但家庭与国家的关系只是如同种子与成熟的植物之间的关系一样。夫妻关系源自人类与动植物共有的冲动,而主奴关系则基于为家庭提供生计的必要性。家庭是"自然的",因为它建立在繁殖本能和自我保存的冲动之上。此外,主奴关系在某种意义上也是"自然的",因为主人凭借其卓越的智慧是统治者,而奴隶则凭借其身体力量适合执行主人在维持生计的生产方面的意志。夫妻关系与主奴关系不同,因为女性的职责是生育和抚养子女,而奴隶的职责是满足日常需求。将女性与奴隶归为一类,或奴役生而自由的希腊人,都是野蛮的表现。

村落共同体由多个家庭的联合自然而然地发展而成。它建立在共同的血统基础上,并满足了超越日常生活的需求。村落共同体最自然的形式是从原始家庭衍生出的聚居区;由于家庭是由父亲统治的,当村落共同体扩展成城邦时,政府的形式自然而然的就是君主制。与家庭和村落共同体一样,国家最初是由于满足日常需求的必要性而产生的;但一旦产生,它就会继续存在以促进更高水平的生活。国家在一种更高的意义上甚至比家庭或村落共同体更是"自然的"。它比这些更高级,因为它是唯一自给自足的。人类的本质天性是为了社会生活,而那些没有国家的人非神即兽,无论是由于自然原因还是因为遭受不幸。与群居的动物不同,人类具有口头表达的能力,能够分辨是非善恶。正是基于对善恶、正义和不义的这种意识,国家得以建立。因此,尽管亚里士多德将社会的起源追溯到人类与动物共有的冲动,但他承认人类拥有意识,这使其在本质上与动物不同。国家不是实现某种直接利益的外部工具,而是完全行使人的能力所必需的。因此，很明显在本性上，国家不仅逻辑上对个体来说是"先天的"，而且相对于家庭和氏族而言也是"先天的"。在家庭和氏族中只是隐含的东西在国家中得以明确显现。正如在一个有机体中，没有任何器官存在于它与整个身体的不可分割的关系之外，因此国家在个体中被预设，因为当个体与其同类分开时，他就无法满足他的所有需求，无论是身体上的、心理上的、还是精神上的。共同体有序的生活是多么必要，这可以从它如何拯救个体免于堕入深渊中看出。就其完整性而言，人是所有动物中最优秀的，但正因为如此，当他与社会隔离时，他的处境将是最糟糕的。正义从本质上来说是社会的美德，只存在于有序的社会中。因此，如智者所宣称的，国家是纯粹约定俗成的，或者如犬儒主义者所言，国家对最美好的生活来说是非本质的，这些观点大错特错。如果国家不是人类真实本性的表现，那么契约也不能赋予它权威。我们绝不能认为它限制了人们在单独生存中拥有的权利，正是国家创造并证实了这些权利。国家的存在归因于人类对社会的爱，以及自然根植于人类的善恶观念，自我延续的冲动，免受敌人侵害的需求，尤其是对更高需求满足的要求。

由于家庭存在于国家的有机体内，实际上是其最简单的组成部分，亚里士多德首先指出了它所涉及的不同关系。他接受了希腊家庭的形式，称其有三个组成部分或关系：主奴关系、夫妻关系和父子关系。与柏拉图一样，他认为奴隶制不仅是必要的，而且对更高水平的生活来说至关重要。他声称存在自然的主人和自然的奴隶，并进一步论述道，奴隶制对奴隶和主人的道德效率(moral efficiency)都是最好的。事实上,雅典的奴隶得到了很好的对待,社会保护他们免受虐待。他们中的许多人从事与自由人相同的工作,并获得相同的工资。然而,亚里士多德认为,奴隶应仅限于那些只适合从事最粗重的工作,如挖掘、举重、拉拽和搬运的人。在他看来,作为家庭的工具,他们仅仅被视为财产。他们的职能是提供服务,而不是生产商品,正如他对奴隶的定义,"一种有生命的财产,从事提供服务的活动"。他认为,主人对奴隶就像灵魂对身体一样。亚里士多德的学说基于这样的假设,即有些人的用途仅仅在于其身体力量。然而,他承认,自然并不总是将主人与奴隶区分开来,也许正因为这个原因,他规定了可能的解放方式。尽管坚持存在自然的奴隶制,但亚里士多德反对以战争胜利为基础的奴隶制,也绝对反对希腊人被奴役。

奴隶既是家庭的一员,又是财产的对象,因此,可以简单而自然地从奴隶制转向将其视为财产的想法。财产对于美好生活来说是外在的,只是一种条件而不是其中的一部分。财富只是实现这种生活的手段,因此被定义为"城市或家庭的联合中为生活提供必需的物资储备"。作为道德生活的工具,财富必须在数量上受到限制,否则它只会成为一种阻碍。获得财富有两种途径:其一是耕种土地,其二是剥削同胞,要么是以巨额利润销售商品,要么是以高额利息借钱。这两种方式分别被称为获得财富的自然方法和惯用方法。自然从不无缘无故地为人类生活提供动植物,就像在婴儿生活初期为其提供母乳一样。而赚取利润的艺术则是一种不自然的财富获取方式,因为它利用了人们的需求从他们身上获利。每种商品都有双重用途：它可以用于即时消费，也可以用于交换。在适当的限度内，将商品用于交换确实是必要的和自然的，它有助于纠正因一个人拥有太多而另一个人拥有太少而导致的不平等；但当一个人得到的东西超过了他所需要的，而他所给予的少于他所得到的，平等就消失了，不公正就出现了。对其他人的不自然剥削取代了对土地的自然剥削，这种转变是通过货币进行的。村庄的原始交换方式是一个简单的以物易物系统，但如果一个人想要与异邦人交往，他可能不愿支付进口重物的成本，而更愿意使用金银，因为它们与其体积相比具有很高的价值。因此，货币开始被用作交换的媒介。亚里士多德认为，货币的存在促使了交易商或中间人的兴起，这些人通过剥夺他人的财富而变得富有，从他人那里夺走了他们以合法方式获得的部分财富。交易商忘记了生活的真正目的，反而渴望获得无限的财富。亚里士多德将高利贷视为非法获利的一种方式，对它的谴责甚至比对商业的谴责更重。高利贷是一种通过利用同胞的需求来获利，并使不可再生的金属产生盈利的手段。

然而，国家的主要目标并不是满足人们的低级需求，而是创造条件发展更高级别的生活。国家作为一个"共同体"，所有公民显然必须有一些共同之处；至少他们必须都生活在同一领土上。但我们能接受柏拉图的建议，将共同体的范围扩展到包括妻子、子女和财产的共同体吗？他希望通过这种方式消除分歧和自私。事实上，在《理想国》中，他似乎将他的共产主义计划限制在上层阶级，但在《法义》(*Laws*)中，他宣称国家作为一个整体的最佳形式是一切都共有,私人和个人的利益被完全从生活中驱逐出去,以便所有人在同样条件下进行褒贬或感到悲喜。

亚里士多德捍卫了家庭和私有财产的制度。他认为,柏拉图对国家的真正统一性有错误的认识,他没有看到差异与同一对国家的完美同样是必要的。正因为如此,他将国家与家庭相类比,忽视了它们的具体差异。国家也不是联邦,后者是相似事物的聚合体。联邦中所包含的成员越多,它就越强大,而当一个国家中的成员超过一定数量时,它就失去了它所需的紧凑性和统一性。构成社会真正形式的是其成员的差异,以及服务和职责的互惠。必须有统治者,他们为臣民提供明智而智慧的指导,作为回报,他们有权获得尊重,并要求对他们的命令心悦诚服。即使在自由和平等的公民之间也必须存有互惠,因为不能所有人同时进行统治,唯一可能的替代方案是永久的统治机构或职责的交替或轮换。在国家中,政府机构具有多种不同的部门也是必要的。通过废除私有财产,所有权的热情和活力将会丧失,因为人们会对个人关心的事情投入最多的精力。同样的反对意见也适用于家庭的共产主义。过多的子女数量可能会导致父母的亲子情感被分散和削弱,直至它实际上消失。柏拉图的计划不会消除纷争的根本原因,反而会产生完全相反的结果;因为主要能够激发尊重和情感、防止暴力和侵犯这两种特质,即某物属于某人所有和某物是一种爱的对象,在柏拉图所构想的社会中都无法实现。

同样地,财产的共产主义表面上看起来是一种仁慈,似乎可以消除有争议的财产和违反合同的诉讼,以及伪证等罪行。然而,这些弊病的真正原因并不是柏拉图所认为的那样在于个人财产的存在,而在于道德腐败的普遍存在,但道德腐败无法通过改变外部条件来摆脱。因此,柏拉图对国家的构想基于一种错误的统一观念。此外,他认为妇女应该与男性从事相同职业的论点是基于与低级动物的类比,这种类比在关键时刻是行不通的,因为低级动物没有家庭生活。

在反对柏拉图关于家庭的观点的同时,亚里士多德提出了对它的某些修改。在古希腊,承认家庭延续的责任,以及通过这种方式获得某种替代的永续,常常导致人口过多和贫困问题;因此,家庭的第一个问题是要调整其增长速度以符合共同体的利益。妻子的职责被认为是照顾孩子和管理家务。希腊的丈夫很少在家,他们将时间花在战争、考虑政治事务或者从事自己的职业上。亚里士多德将希腊家庭的主要缺陷归因于父亲对儿子教育监督的准备不足。家庭既是一群朋友,又是为共同目标而进行训练的学校,因此,确保它适合这项任务非常重要。亚里士多德希望规定结婚的年龄、生育子女的时间以及子女的数量。他认为,男孩在七岁后的教育应交由国家来负责。家庭应当被分配一块明确的土地作为谋生的手段,因为充足的物资供应是善好的必要条件。财富的理想分配既不能太多也不能太少,而是足够支持最高生活水平的分配。土地财产的分配必须通过限制人口的增长,以及一种启蒙式的教育系统来补充,该系统将培养公民对不公正的憎恶之情。奴隶制必须得到精心安排,妇女的生活必须受到法律的妥善管理。我们必须避免斯巴达犯的错误,即只追求军事美德的培养,因为战争只是实现和平的手段。

什么是最好的社会形式,公民身份又包括什么?从国家作为一个由个体公民构成的复合体来看,我们可以将公民定义为那些时间不定的公职的参与者。毫无疑问,这个定义仅适用于民主国家,但亚里士多德认为,"城邦的规模使得其他任何形式的城邦都不可能存在"。鉴于审议和司法职能是至关重要的职责,亚里士多德自然将那些履行这些职责的人视为唯一真正的公民。因此,对他来说,公民身份在于主权的行使,而不是分享主权统治者的权利。存在这种区别是因为希腊的国家规模较小,这自然导致了一种初级政府体制。我们必须记住,亚里士多德所谓的民主并不是现代意义上的民主。参与审议和司法职能要求同时具备能力和闲暇时间,这些才能在他看来是工匠和劳动者所不具备的,因此他们被排除在公民身份之外。国家可以被定义为"共享司法和审议职能的一群人,人数足够维持自给自足的生存"。这样构建的国家不会将公民权扩展到其殖民地。国家的身份取决于宪法的形式,因为宪法决定了谁将担任职务,并培养出相应类型的公民。例如,斯巴达的军事类型是斯巴达宪法的自然产物。因此,我们现在可以将国家定义为"一群共同参与审议和司法职能的公民组成的复合体,由决定他们在复合体中的位置并为所有行动提供动机的宪法黏合在一起"。国家的职能包括提供食物、培养艺术、武力防御、获取财富、崇拜神祇以及确定和执行对整个共同体来说是正确和有效的事情。国家的目的高于手段,因此从事较低职业的人与其他人并不平等。战争需要青年的精神和活力，政府需要年长者的经验和深思熟虑。因此，一个人年轻时是士兵，年老时是统治者，似乎是一件很自然的事。通过这种安排，士兵最终将成为统治者，按照自然发展，他最后会致力于侍奉神祇，统治者将成为共同体的祭司。

亚里士多德提出的教育方案在他看来旨在培养最优秀的公民。青少年教育的目标是培养高尚的品格，因此强调那些能够潜移默化地塑造意志的影响，如音乐和文学。对亚里士多德来说，艺术是获得道德感的手段。灵魂发展有三个阶段：自然偏好阶段、习惯气质阶段和理性自决阶段。对于第一阶段，如果立法者要取得最佳结果，就必须考虑到希腊人口，婚姻制度也应该被规范，以确保后代的提高和改善。再者，习惯气质特别容易受教育的影响。在青年时期，感情和情感占主导地位；思维敏捷，对善恶都反应敏锐，可以在适当培养下养成理性自我导向方法的习惯。因此，年轻人应该在其早期培养勇气、节制和其他美德的习惯。在稍后的时间里则应该诉诸理性，学习数学、逻辑和哲学。因此，教育的目标可以说是发展理性自由。理性既具理论性又具实践性，因此教育必须通过对真理的沉思来发展心灵，最终达到对神性本质的思考。教育必须由国家主导，并且由于目标是一致的，所以教育应该是统一的。

既然我们现在已经了解到亚里士多德关于国家理论的一般概念，那么最好对其价值进行一些评估，并了解为什么人类的后续历史超越了它。希腊城邦，尤其是雅典城邦，其显著特征是具有个体性。希腊人对自己提出了两个要求：首先，他们必须自我管理；其次，他们必须在遵守法律的情况下进行自我管理。这两个要求解释了争取自治和对暴君或寡头永久统治的永恒防范。政治的问题在于将人们团结在一个自由和有序的共同体内，就像哲学努力发现人类经验可以融为一个整体的基本原则一样。因此，最早解决国家问题的人很自然的也是那些在哲学领域取得突破性进展的人。从早期哲学到后来哲学形式的转变是通过智者和苏格拉底的影响发生的，而苏格拉底提出的方法和原则为柏拉图和亚里士多德的伦理与政治哲学奠定了基础。对国家本质的总结是在柏拉图和亚里士多德那个时期完成的，此时希腊典型的政治生活行将结束。这实际上符合哲学的一般特性，正如黑格尔所说："密涅瓦的猫头鹰只在黄昏来临之际才能起飞。"

我们不能期望柏拉图的《理想国》或亚里士多德的《政治学》会提供一种可以被现代国家直接用来解决自身特殊困难的政治哲学的处理方法。这些思想家所谈论的国家注定会随着人类更广泛的经验而消失，并在一段时间后被现代民族国家取而代之。亚里士多德的思考基于他作为希腊人所享有的政治生活经验，他所提供的解释不可避免地受到希腊思维先入为主的影响。他所能做的就是试图通过他所理解的理想国家来复兴城邦。因此，亚里士多德对国家的解释最清楚地揭示了其中运作的力量。希腊政治哲学的基本观念是，通过各种心智集中活动朝着共同的目标努力，才有可能发展人的智力、艺术和道德本质。必须有统一的目标和统一的生活。亚里士多德以国家是"自然的"形式表达了这一思想，即国家基于人们的必要需求，并在满足这些需求的过程中自然而然地发展。一个几乎与之相同的观念是，认为国家相对于个人和家庭而言是"先天的"，这意味着个体无法在社会之外实现真正的自我，或者如亚里士多德所说，人类是为城邦生活而形成的。隐含其中的是，共同体内的每个人，无论是政治家、士兵还是工匠，都有一种特定类型的思维方式，使他能够履行特定的任务，通过社会的不同成员以协调的方式为共同利益效力，才能够实现最好的生活。

尽管在社会组织方面，古代国家与现代国家存在着明显的对比，但我们绝不能认为古代思想没有任何东西能以任何方式预测到现代思想。在柏拉图和亚里士多德的时代，我们发现了一些后来被确立为现代国家理论基础的思想。诸如智者所认为的，应该在原初或原始状态中找寻人的本性，而不是待他成熟时——这种观念类似于霍布斯等人提出的自然权利主张。智者进一步认为，法律和政治统一是任意约定的产物，而犬儒主义者则主张人类不应该受任何单一国家的束缚。与这些个人主义观点截然不同，柏拉图和亚里士多德认为，城邦是最高生活的必要条件。毫无疑问，将伐木工和挑水工分离开来是很有必要的，但在他们看来，这种分离是因真正统治者和天生臣民的基本区别产生的，否则就无法获得最好的结果。但是，从这些假设出发，他们继续要求公民不应认为自己是一名特许的自由人，可以随心所欲地做任何看似正确的事情。确实应该有自由，使人能够在不受邻居或国家干涉的情况下过上更好的生活；然而，这种自由并不意味着特许，而是所有个人动机和行为都应服从共同体的法律。在这种服从中，真正的自由并未损失，反而实现了整体上理性的共同意志。无论如何改变柏拉图和亚里士多德的思想，希腊都毫无疑问地为世界树立了一个政体的榜样，在这个政体中，个人的自由被证明与社会权威是兼容的。人类的幸福不能通过自由发挥个人的自私欲望而实现。亚里士多德说："人们不应该认为自由在于拒绝服从法律。"真正的自由在于服从法律。"事实上，许多看似民主的做法实际上导致了民主的毁灭。"为了实现真正的自由，政府必须具有权威，同时官员必须是非个人因素的化身，并通过其法规表达出理性所要求的公众意见和习惯法。因此，亚里士多德要求每个公民相对平等，因为"当人们平等时，他们就感到满足"。希罗多德(Herodotus)在谈到雅典驱逐暴君时说："从这个例子可以清楚地看出，平等是一件很好的事情，因为即使雅典人受暴君统治时并不比他们的邻居更勇敢，但一旦摆脱暴政，他们立刻成为最优秀的人。"正如亚里士多德所言，应该赋予全体民众对官员行为的最终裁决权，因为整体民众的意见比任何专家的意见更可取。如果人民的意志要体现在国家法律中，就必须为他们提供机会以使其达到最高水平的道德和卓越智力。

根据希腊人的政治理念，每个国家都应该不受任何外来统治，每个个体都应该自由地过上最高的生活，不受他人令人烦恼的干涉。正如伯里克利所说，没有一个国家能够接受另一个国家的命令，它必须自由地按照自己的方式发展，每个国家的成员必须免受其他公民的命令。正如埃斯库罗斯(Aeschylus)在其戏剧《波斯人》(*The Persians*)中让合唱团说的那样，雅典人"不称呼任何人为他们的主人"。人们认为每个人都有权决定自己的事务，而保护这一权利的唯一可能途径是每个人都能参与公共事务。即使结果不如由上而下的统治成功，自由的人也更愿意由自己来治理。事实上，暴政和寡头政治之所以被拒绝，是因为它们被发现是无能和自私的政府形式。

自由的理念不仅意味着不受外来统治和一个公民不受另一个公民的干涉。自由不能仅因不受干涉就被证明是正当的，而是因为它是更高生活的条件。雅典的自由导向了艺术家、诗人和哲学家的产生，而这是在她拥有真正政治自由的惊人的短暂时期内实现的。没有其他民族在如此短的时间内在建筑、雕塑、戏剧和哲学方面取得如此伟大的成就。正如马修·阿诺德（Matthew Arnold）所说："这是一个民族文化的伟大奇观。它不是贵族阶级用自己高尚的精神影响着它所统治的众多人，而是留下了仍然未受塑造的众多人；这也不是一个虽然敏锐而充满活力，但平庸、狭隘且卑鄙的民主；这是最底层和中产阶级以迄今为止所表现出的最高程度的人性展现出来的。正是众多的人热爱这些艺术，他们不满足于低于这些伟大文化成就的任何东西。"

尽管我们需要从雅典对自由的这种理念中学到很多，但也有很多需要摒弃。雅典仅维持了大约50年的自由，并且是以侵犯人类基本权利的代价维持的。它是建立在奴隶制基础上的文明，并轻蔑地拒绝妇女分享管理国家的权利。雅典追求自由和独立，但在与其他国家打交道时却忘记了自己的理念。无论如何，柏拉图和亚里士多德试图保留城邦制的尝试注定失败。随着亚历山大大帝的出现，城邦的独立结束了，伟大的希腊时代的政治哲学几乎不再被理解。诚然，没有一种政治理论是基于马其顿帝国的特性，但它的存在事实上扩展了人们的视野，超越了城市的狭隘界限，为社会的新构想的产生铺平了道路，斯多亚学派(Stoicism)将其表述为"世界之城"。个体在公共生活中找不到发展自己的途径，不得不回归自身，寻求一种无法在道德和宗教的以自我为中心的领域之外获得的满足。这就是斯多亚学派和伊壁鸠鲁学派(Epicureanism)的观点。

尽管伟大的希腊思想家没有明确区分社会和国家，而是被对整个生活的规制是立法者的工作这一观念所迷惑，但值得注意的是，在亚里士多德的著作中，我们可以看到他在将共同体的经济关系与家庭联系起来的方式中暗示了这种区别。然而只有在城邦衰败之后，次级团体的组织才能够被清晰地察觉。罗马帝国掌控了所有政治职能，自然地将个体排除在任何直接政治关系之外，这迫使个人回归自己，进而导致各种团体的增长，人们认为有必要在这些团体中用某种东西来代替他已经消失的政治权力。现代国家遵循了一个一般原则，即在国家正规的最高组织之下还存在其他形式的组织，这些组织部分地表达了普遍意志，展现出古代城邦所不允许的那种程度的专业化。不仅教会与国家之间的区别得到了承认，还有大量的次级团体，这些团体对整体的完善来说至关重要。并不是国家的更广泛组织已经衰落，而是人们已经想出了各种方式在不同的组织中表达共同意志，而这些组织在城邦制度相对简单的性质下是被排除在外的。

第三章
世界国家、罗马帝国和中世纪

马其顿帝国建立后,公民自由就丧失了,个体在外部生活中找不到发展的出路,不得不退而求其次地回归自身。斯多亚学派和伊壁鸠鲁学派就是这种新观念的代表。这些学派并没有展现出像柏拉图和亚里士多德那样高度的哲学思辨能力,但表明了他们体系核心思想的进步性,即自我意识的个性观念。诚然,他们比那些伟大的唯心论前辈更偏执,但他们的偏执是通向理性和激情的更深层次调和的必要阶段,比柏拉图和亚里士多德所能达到的更甚。他们将私人生活和公共生活隔绝开来,这与它们在城邦辉煌时代的统一形成了强烈对比。因此,个体需要一些新的规则以理性化自己的生活。在国家宗教的毁灭中,斯多亚学派和伊壁鸠鲁学派的哲学承担了安慰个体在一个陌生的世界中生活并提供建议的任务。人们不应该在国家的积极生活中寻找幸福,但可以在自己的灵魂中获得宁静。

斯多亚学派哲学的特点就是他们坚持的原则,即在所有人的差异之下,无论是个体还是国家,都存在着一些将他们仅仅因为是人类而彼此相联的东西。他们的座右铭是关于人性的:"我是人,人间的一切无不与我息息相关。"(Homo sum, humani nihil a me alienum puto.)虽然斯多亚学派与社会保持距离,但他们将自己视为伟大世界国家的一部分，包括神祇和人类在内。这种对世界共同体的向往虽然没有成为现实，但它倾向于打破一个人与另一个人、一个国家与另一个国家之间的界限。毫无疑问，这种广泛的同情并没有产生为了人类的福祉而积极行动的努力，但至少它减轻了民族和个人偏见的刻薄。虽然斯多亚学派对国家法律漠不关心，但他并不认为自己不受一切法律的约束，相反，他认为自己受宇宙法，也就是理性法的约束，整个宇宙都是这一法则的体现。怀着这种信仰，他培养了一种广泛公正和对命运变迁漠不关心的态度。正是对世界是理性的核心原则的深刻理解，以及对世界与人类内在最深层次的东西相一致的坚定把握，使斯多亚学派对古代世界的思想产生了巨大的影响。理性将人的整个存在统一起来，并将他的所有其他力量都屈从于它自己。理性生命的冲动是满足自己在其普遍本质中的需要。因此，人们必须少受他人命运和自己命运的影响。思维和意志、感知和欲望都是同一个自我。毫无疑问，人可能会因为激情而陷入理智上的错误或道德上的罪过，这是因为他没有忠实于自己的真正本性。自然本性的首要目标是健康、财富、荣誉等；但随着理性在我们内心的觉醒，我们不再考虑这些，而是将生活作为一个整体，开始寻求实现理性的法则。义务必须履行，换句话说，正如康德后来所坚持的那样，为了义务本身而履行。我们必须与宇宙的理性本质协调一致，这样做将使我们与自己真正的本性和谐一致。同时，斯多亚学派无法将他们对世界理性的信仰与他们对自己经验中的实际世界的信仰协调起来。马可·奥勒留（Marcus Aurelius）对宇宙的完美深信不疑，但他也因帝国体制内部的分崩离析而感到沮丧。他所能做的只是坚守职责，尽管周围有邪恶力量，但仍然选择坚守并不屈不挠。

斯多亚学派的理念，即人类具有相似的本性，是对世界进步的永恒贡献。诚然，我们距离实现"全人类的议会，世界联邦"的实际目标仍很遥远，但至少国家之间的有意对抗是一种我们感到必须反思的行为。然而，斯多亚学派的世界国家概念太过模糊无力，无法作为人类永恒理想的有效表现。只有在充分发展了每个民族国家的最大可能性时，我们才能拥有真正的世界国家，就像如果没有家庭和私有财产的制度，它们所伴随的各种工业和商业关系，以及产生离散的联合形式的个性自由发展，我们就无法拥有真正的民族国家一样。以各种不同的民族国家组合为基础的世界国家是一个可行的理想，而消除了种族、民族和个性的所有差异的世界国家则是一个空洞的理想。斯多亚学派的根本错误在于他们的教义认为人的最高善不受社会生活的利益制约。这将个体推向自我，使他对亲情、友情、家庭和国家的联系变得漠不关心。斯多亚学派在某些方面表现得相对较弱，而柏拉图和亚里士多德则在这些方面表现得相对较强，这方面的差异在于斯多亚学派哲学未能充分认识到，将自我意识视为一种精神存在与将自我意识视为社会成员之意识是不可分割的。倒退到一个没有与他人产生积极关系的抽象自我，等于忽视了亚里士多德所说的深刻真理，即人是"社会和政治动物"。诚然，个体生活中的各种关系仅具有相对价值，不能允许任何单一个体的利益吞噬整个自我；然而，说人类比任何个体利益都更伟大,并不是说他能够在与所有个体分离的情况下成为一个完整的自我存在。人不应该对所有特殊利益都漠不关心,因为他不应允许自己完全沉浸在其中任何一种利益中。人类的善好不能仅仅在排除了家庭、国家以及人们之间建立的各种社会关系的纯粹内在灵魂状态中实现,这是不对的。人类的进步在某种程度上就在于从属于国家的各种联合形式的多样化,因而在于国家本身的更完美的统一,从而能更完美地统一国家本身。理想国家不能与现实国家对立;理想国家只能通过现实国家逐渐扩展来实现,这种扩展同时意味着每个特定国家的内部发展。当内部组织达到了一定程度的完善,并摆脱了狭隘和对自身自私利益的过度关注时,就为更广泛的组织形式铺平了道路。关于实际世界国家的理想是否可以实现以及如何实现,我们将在以后考虑;目前足以说的是,每个国家都意识到为整体人类的福祉而努力,这仍然是一个有价值的理念,而我们在很大程度上要感谢斯多亚学派为此做出的贡献。在城邦衰落的时代,斯多亚学派坚持认为,城邦终究与理想国家不一致。这至少会促使人们寻求社会实际形式改进的途径,也为基督教的积极普遍的观念铺平了道路,这一观念超越了人类和国家的分歧,将目光投向了自然的根本统一。旧有的社会纽带被打破,对人性的更深层次看法成为新社会形式的前提条件。斯多亚学派认识到所有人都有相同的本质属性,这一观念使罗马法学家将原本只适用于罗马的狭隘法律体系转变为了一种普适法律体系,这成了所有文明民族法学的出发点。它还为一种普适宗教铺平了道路。因此,斯多亚学派实际上有助于实现从古代城邦到现代民族国家的过渡，并提出通过各民族国家的完整组织来实现自己的世界国家理念。

罗马人表现出了卓越的军事天赋、出色的法律和宪政灵活性，但他们在政治问题方面并没有展示出深刻的思辨能力。在对其政府进行分析之前，罗马已经是世界上最强大的力量，成功地确立了对地中海周边国家的统治。第一个尝试进行这种分析的思想家是波利比乌斯(Polybius)，他是一位希腊人，在意大利做了长达16年的人质，并通过这种方式对罗马宪法有了清晰了解。在《通史》中，他试图阐明国家取得卓越成就的政府原则。这部作品对后来的政治理论产生了重要影响。波利比乌斯认为，在罗马宪政中有三个机构分别体现了君主制、贵族制和民主制的原则。执政官代表宪政的君主制方面，元老院本质上是贵族制，公民大会明显是民主制。执政官在率领军队出征之前留在罗马，是行政的最高主宰，除保民官以外的所有其他官员都受他们的领导。在战争准备和战役进行阶段，他们几乎拥有绝对的权力，他们有权惩罚在现役期间受其指挥的所有人，有权支配公共财政资金的任意支出。此外，元老院控制着执政官军队的供应，决定他是否在任期届满后保留指挥权，并决定是否准许他举行凯旋庆典，这是后者荣耀的最高目标；而公民大会有权追究他的行为责任，并始终在决定和平与战争的问题上拥有决策权。元老院拥有巨大的权力，但在公共事务中必须尊重人民的意愿，除非人民先批准了它的法令，否则不能执行对危害共和国的人的死刑。即使在直接影响元老院成员的事务上，人民也有唯一的权力通过或拒绝一项法律。但最重要的是，如果保民官提出否决权，元老院不仅无法通过法令，甚至都不能开会。保民官有义务执行人民的法令，因此元老院对民众心怀敬畏，不能忽视他们的情感。最后，公民大会在活动上会受一定的限制，首先，因为监察官负责整个意大利修复或建设公共建筑的合同；此外，还有从许多河流、港口、花园、矿山和土地征收的税收，简而言之，凡是受罗马控制的事物都需要人民的参与。其次，每个公民迟早都可能成为执政官绝对权力下的士兵，因此不愿意轻率反对元老院和执政官的权威，以免遭到报复。

这种对罗马体制的分析非常有趣，因为它首次正式阐述了宪政组织中的制衡原则，这一思想在18世纪广受欢迎。波利比乌斯支持一种混合宪政，其中有三个明确的机构，每个机构都坚守一个明确的原则，并通过坚持自身利益而制约其他机构。因此，当柏拉图和亚里士多德试图在一个系统中结合各种不同宪政形式的特定原则时，波利比乌斯通过不同机构之间的相互对抗来实现相同的目标。

从某种意义上说，构建这个堪称完美的罗马宪政有一定的讽刺意味，因为波利比乌斯刚刚阐述完它，格拉古（Gracchi）兄弟的骚乱就导致了其崩溃。唯一试图支持明显正在崩溃的宪政的作家是西塞罗（Cicero），他在《国家篇》（*De Republica*）和《法律篇》（*De Legibus*）中尝试说服罗马人回到以前的统治方法。他的尝试注定失败，但它对帝国法学家和早期基督教作家产生了影响。西塞罗认为，国家的基本理念是共和国。他说："国家是人民的总体。人民不仅仅是一群人的聚集，而是由共同的正义感和共同的利益联结在一起的众人。"联合的主要原因是人类根本的社会本能,而不是像波利比乌斯所想的那样意识到孤立意味着弱点。西塞罗认为,正是这种本能导致了政府的设立,以便维护这种统一。三种主要的政府形式,即君主制、贵族制和民主制,每一种都有一定的优点,每一种也都内含腐败的种子,这导致了一轮又一轮的革命。与波利比乌斯一样,他的结论是我们必须结合所有三种形式,并彰显每种形式的最佳特点,回避其缺陷。基于这一原则,西塞罗试图表明共和制是理想的混合宪政的完美典范。君主制被废除的原因是国王堕落成了暴君;贵族阶级之所以被迫接受平民的制约,是因为他们在权力方面的垄断和高压政治;格拉古兄弟时代以来公共生活困扰的原因被他认为是对民主影响的过分强调。

在《法律篇》中,西塞罗试图确定正当(jus)与法律(lex)之间的关系。他的观点是,在所有情况下,前者都依赖于后者并受其支配。正如斯多亚学派所说的,宇宙是神圣理性的显现,而在人世中,这种理性变成了自我意识,正当和正义的最终原则与神圣政府运作的法律是一致的。这些原则可以被所有人理解,因为他们具备理性的本性,因为"没有人比自己更像自己,所有人又彼此相像"。现在,"凡是自然赋予理性的人,也同样被赋予了正当理性;因此也包括法律,法律是正当理性在命令和禁止方面的体现;如果有法律,也就有了正当;正如理性赋予了所有人,正当也赋予了所有人"。因此,自然正当(jus naturale)的起源应在自然正义(lex naturalis)中寻求。人的权利不是基于自身利益,制度和法律的多样性也不意味着正当和正义的多样性。只有出于尊重,我们才称地方性和临时性的法令为法律,因为那些违反理性的规定没有约束力。这种将自然法看作一切义务来源的观念在 15 个世纪后对政治思想产生了巨大影响。

罗马共和国被帝国所取代,后者的压倒性力量摧毁了被征服民族的独立政治生活,完成了马其顿征服所开启的工作。的确,帝国在市政法律和行政方面有了很大的发展,这在人类政治史中并不是无足轻重的,但像独立国家这样的东西已经消失了。即使在像奥古斯都(Augustus)这样的皇帝统治下,专制政府的弊端也是不可避免的,从康茂德(Commodus)到君士坦丁(Constantine),统治者几乎一个接一个的放纵且无能。在军事专制下,民族的政治发展无论如何是不可能的。罗马帝国的确保留了共和制的表象,但这只是一层稀薄的伪装,背后掩藏着一种几近强硬的军事专制。皇帝将在共和国时期分配给各级官员的所有职位都集中到了自己手中。没有民主或代议制政府,元老院只是皇帝意志的顺从工具。作为最高祭司(pontifex maximus),他是神圣法律的最高裁决者;他受到不可抗拒的军团力量的保护,他是绝对的主宰;他的财富来自最富有和最重要的省份,无与伦比;他的法令和答复拥有完全的法律效力。

在这些条件下,不应期望会有任何关于社会和国家基础的自由讨论。公元 2 世纪末,乌尔比安(Ulpian)确立了一个原则,皇帝的意志就是法律,尽管这仅仅是因为他已经被人民的意志赋予了这种权力,并且他自己也受到产生他所有权威的法律的约束。但是这种限制实际上几乎没有什么真正的影响,因为一旦权力被授予，就不能被撤回或减少，而且这个权力本身几乎没有限制。乌尔比安对自然法（jus naturae）和万民法（jus gentium）的明显区分对后来的思想产生了很大的影响。他同意公元2世纪罗马法学家的观点，即尽管社会规则永远不会达到完美的公正，但它们至少倾向于将绝对义务的原则应用于实际情况。斯多亚学派关于自然法的理念被用来确定适用于所有人的原则，因此我们发现乌尔比安就此宣称，"就自然法而言，所有人都是平等的""按照自然，所有人都生而自由""奴隶制是与自然相悖的制度"。但这些主张并没有立即影响罗马法学，因为同时有人认为法律即皇帝的意志，"君主决定之事具有法律效力"（quidquid principi placuit legis habet vigorem）。尽管自然法理论没有产生直接影响，但实证法与自然法的对立在未来的时间内必然会产生积极的影响，因为它表明了前者与理念上正义之事的不一致。经过多年发展，这种对比迫使人们的思想，特别是在基督教对上帝眼中所有人类具有相同本性的观念进行补充之后，出现了这样一个问题：实定法与自然法不相容的内容是否与真正的立法原则不一致？

编写《法学阶梯》（*Institutes of Justinian*）的法律学家在区分万民法和自然法时听从了乌尔比安的观点，并且在一般概念上与他的观点几乎没有太大的不同。他们认为，自然法是神圣和不变的，是正确行为的理想标准，万民法之所以与之不同，主要是因为有些制度虽然普遍存在于各个国家，但在完全的意义上来说并不完全是"自然"的。这些法学家还认为，所有的权威最终来自人民。

公元2世纪到7世纪的基督教教父们的政治理论在本质上与同一时期罗马法学家的政治理论相同。他们从自然法的观念出发,将其视为人类理性的法律——这个概念最早由圣保罗明确阐述——因此他们将人类本性看作超越一切等级、地位甚至民族的东西。他们认为,奴隶制是人类堕落的结果,这使得社会的常规制度变得很有必要。它既是一种惩罚,又是一种赎罪。和法学家或哲学家一样,教父们并不想谴责奴隶制不法,但它与基督教基本原则的内在矛盾,与斯多亚学派法学家的影响一起,起到了改善奴隶状况的作用,并最终结束了奴隶制。奥古斯丁(Augustine)所表达的是基督教思想的典型观点,他认为人类本性受其内在驱使,并迫使其融入社会关系中。在堕落之前的自然状态中,人们自由地服从智慧之人,彼此慷慨和仁慈,以至于没有人会陷入困境。教父们关于政府的一般理论是,统治者是上帝在地上的代表,因此有权要求臣民服从,唯一的分歧在于是否在所有情况下都必须服从。教父们将统治者的权力直接归因于上帝,将其视为权力的来源,这是他们与法律撰写者不同的地方,后者将所有权威归于人民;而中世纪政治理论的历史在很大程度上就是这两种理论对比的历史。教父们认为,正义不是由民事权力创造的,在其之上还存在着教权,教权并不完全在国家之内,它是一个与之平行且独立的权威原则。

布莱斯(Bryce)勋爵已经明确指出,476年西罗马帝国灭亡后,罗马帝国并没有结束,而是继续存在着,或者至少被认为继续存续了一千年。帝国的头衔和传统一直延续到了法兰克征服时期,查理曼(Charlemagne)被加冕为罗马皇帝。这是历史上第一次,一个公开承认有蛮族血统的人敢于称帝,并在他的领土上不仅作为国王,而且作为恺撒(即罗马皇帝)进行统治。查理曼的权力因此扩展到罗马帝国夺取的大片省份,以及之前的恺撒从未拥有的广阔地区。除英格兰外,查理大帝不仅是整个西方基督教世界的君主,还是其宗主国的领主。他不仅宣称自己是罗马帝国的皇帝,还将日耳曼的自由和法律观念融入其统治体系中。法律只有在获得君主的批准后才生效,但按照惯例,必须征得集结的贵族的建议和同意,其中包括教会和世俗贵族。另外,除非涉及教会或国家的组织,或涉及人民自身的权利,通常不需要获得人民的批准。尽管名义上他只是国家的首领,但查理曼在神职人员中强制执行公认的基督教纪律,而教会等级制在政治制度上发挥了深远的影响。

9世纪的政治理论家试图将自己的日耳曼观念与教父们的教义协调起来。统治者的权力被认为源于上帝,反抗他的权威要受到严厉谴责。然而,国王有义务执行法律,包括传统的部落法律、罗马帝国的立法(在许多地区生效),以及国王或皇帝在部分或全部臣民的同意下发布的法律。似乎没有理由认为,即使是查理曼也声称自己是唯一的立法者。随着时间的推移,我们发现关于王权有限和有条件性的主张越来越明确,这可能是由于内战的影响,由此导致了统治者权力的减弱。世袭继承是一种习俗,但必须经过一些国家的承认或选举来确认。833年虔诚者路易(Louis the Pious)的废立表明,国王只有在履行对臣民的义务并获得普遍满意的条件下才能坐稳王位。确定教会和国家的各自领域存在很大困难。国王被认为有责任监督教士的行为，即使在纯粹的宗教事务中也是如此；他主持大公会议（Synods），并且他在任命教士担任职务方面拥有相当大的权力。另外，教会的精神权威对违反教会法的行为施加了最严厉的惩罚，教皇和主教在罢免国王或皇帝方面行使了巨大的权力。

封建主义，尽管不是中世纪社会结构中最重要的要素，却是文明世界的一个新要素。它始于10世纪，于13世纪后期彻底形成。众所周知，封建主义是一种个人关系、土地占有制、军事组织、司法秩序和政治秩序的系统。伟大的国家组织体系实际上独立于封建主义。在德意志，占主导地位的不是封建主义，而是领主主义（territorialism）。中世纪生活在很大程度上受到了骑士式奉献和忠诚的影响，但领主和其属臣之间存在一种涉及相互义务的契约关系。这种关系中的主要元素是随从制度（Comitatus），效忠（Commendatio）和封赏（Beneficium）。在第一种关系中，一群追随者奉献给一个领主；第二种是一种过程，通过这个过程，一个此前独立的人成为某位强大首领的附庸，以换取他提供的保护；而第三种则是基于军事服务的土地占有制。

这个时期的法律主要是习惯法，用来确定一项习惯是否合法的两个方法是：这项习惯必须普遍存在，而且必须经过法院的判决确认。如果领主能够证明臣民未能履行义务，臣民将丧失封地；如果能够证明领主背信弃义，法院将解除臣民的义务，使他有权终身无须履行服务来保有封地。任何臣民都不能在没有合法证据的情况下被剥夺封赏，案件必须由与臣民的同等身份的法庭或由皇帝的法庭审理。只有国王在与大臣理事会商议并得到相关各方的习惯法批准后颁布的法律才具有法律效力。

因此,封建主义是对专制权威的一种限制。事实上,在加洛林帝国解体后,封建主义就产生了。北方人(Northmen)和马扎尔人(Magyars)的入侵导致了强大的中央权威的瓦解,人们不得不寻求最切近的权力来保护自己,结果是与中央权威的关系被削弱了。在德意志,国家的发展受到领土原则的干扰和制约,而在英格兰和法国,以及最终在其他欧洲国家,民族自由获得了胜利。早在11世纪和12世纪就建立了所有自由人与国王之间的直接关系的原则。在向领主效忠时,国王的最高权威被保留,因此封臣必须追随国王,即使他违抗了自己的领主。一般认为,国王的权威来自上帝。人们认为,这种权威是为了镇压不义并维护公义所必需的。统治者的职责是维护正义,镇压恶行和犯罪,以及维护天主教信仰。皇权派和教皇派都接受这些原则。前者的普遍观点是,国王一经选出就不能被废黜。然而,正常的看法是,在没有正义的地方就没有国王,只有暴君。索尔兹伯里的约翰(John of Salisbury)认为,暴君没有权利对抗人民,他可以正当地被杀死。世袭继承的原则得到了认可,但从来都离不开整个共同体中大人物的认可或推举。严格的继任制王权的观念并不是中世纪的思想。在法国和英格兰,某种形式的选举始终是王位继承宪法程序的常规组成部分。在帝国中,继任总是通过选举确定的。巴巴罗萨(Barbarossa)这样伟大的皇帝也曾明确提出过统治者的立法行动要受到大人物的建议和同意的限制这一原则。马尼高德(Manegold)批判了国王拥有绝对神圣权利的传统观念,如果国王违反了他当选时达成的协议,那么人民可以正当地不再效忠于他。

中世纪逐渐形成了这样一种观念,即国家的起源可以追溯到人民与统治者之间的服从契约。因此,个人被视为所有政治立法的源头。然而,有人主张存在一种不受契约影响的自然权利,同时也无法被国家削弱,这一原则在拉丁格言中被表达为"公共利益至上,法律为王"(salus publica suprema lex)。主权的概念从统治者转移到了人民议会,尽管被认为受自然法的限制。逐渐形成的这样一种观念是,国家是唯一高于个体的权力。这一理论立刻与教会要求拥有平等甚至更高权力的主张发生了冲突,但在14世纪和15世纪,这为教会被国家吸收进来铺平了道路。

一旦国家作为最高共同体形式的古老观念被中世纪理论家接受,就会引发一个难题,即在现存的共同体中,哪一个是至高无上的。法学家宣称帝国是唯一真正的国家,但他们无视一致性,继续将国家的概念应用于较小的共同体。另外,哲学理论基于这样的假设,即只能存在一个国家,而国家以下只有简单的公社。逐渐地,国家这个术语只被用来指代不承认任何外部更高者的共同体。世界国家的概念已经消失得无影无踪,而所有较小的团体都被归类为法人团体或公社。这并没有剥夺这些团体拥有一定程度上的独立和受公法要求约束的权利。然而,这种趋势是突出国家的主权,将国家视为共同体的共同利益和共同生活的唯一代表。领主制或家族制的权力没有了立足之地。所有下级权力都由国家这一主权权力授权。法人团体所享有的特权被视为由国家授予,并可以根据公众利益撤销。因此,中世纪思想为随后几个世纪中主权国家与主权个体之间的斗争提供了武器。随着时间的推移,自然法和自由的观念逐渐失去了意义,直到现代国家提供了一种新的经验,才重新理解并拓展了这些观念的原始含义。民族国家兴起之后,政治思辨重新开始,并试图借助契约、武力、法律中的"法人"中的代表以及类似的不足观念,逐渐探索对自我治理社会的解释方式。

12世纪有两位作家对政治理论产生了一定影响。他们分别是圣伯纳德(St. Bernard)和索尔兹伯里的约翰。圣伯纳德在致教皇尤金三世(Eugenius III)的著作《论反思》(De Consideratione, Libri V)中,强烈抗议教会干预行政和非精神事务的做法。教皇在扩展教会领土财产等世俗事务上花费了太多时间和精力,不合其崇高的职责。他曾经感叹:"什么比这更卑贱、更不值得,尤其是对于最高主教,每天几乎每时每刻都要为这些事情劳心劳力!"可以说,这种干预是为了教会的利益。伯纳德说:"事实上,每天宫殿中都回荡着法律之声;但这是查士丁尼的法律,而不是主的律法。"教会的正当工作是赦免罪孽,而不是分配财产。"你们为什么要冲入别人的地盘?你们为什么要用镰刀收割别人的庄稼?"教皇应专注于宗教牧师的职责,而国家应承担维护和保护教会的功能。这也是索尔兹伯里的约翰的看法。他说:"国王确实是祭司的仆人,并执行看似不值得祭司亲自动手的神圣职责。尽管神圣法的每一个职责都是宗教的和神圣的,然而惩罚犯罪的职责相对较低级,似乎以某种方式代表了刽子手的职责!"

12世纪是经院哲学家特别活跃的时期,他们的哲学完全用来支持教会所接受的教义。亚里士多德的逻辑学是他们著作中常见的严格三段论方法的主要来源。由于教会的教义被视为不可错误的,因此思想的主要活动集中在试图将这些教义归纳为三段论的形式,并通过引用圣经和教父们的著作来支持它们。

最伟大的经院哲学家是托马斯·阿奎那(Thomas Aquinas),他充分运用自己的辩证技巧试图表明教会既有世俗权力又有属灵权力,并且必须由教皇代表。他认为权威和理性是独立的知识来源。通过前者,三位一体的奥秘、道成肉身以及世界的创造被揭示出来,这些是人类理性永远无法自己发现的奥秘,尽管它有能力从世界的本质中证明上帝的存在和天启。亚里士多德曾说,人是社会性动物,即使没有原罪,人们仍然会认为联结在国家秩序中是必要的;而国家本质上要求应该有一个统治者,其职责是确保所有公民的利益,而且他以其能力和知识在众人中脱颖而出。国家的法律是基于自然法的特殊法令,自然法体现了善与恶的区别。法律并不涵盖人类生活的方方面面,而只规定了对共同利益至关重要的事情。统治者的命令必须被遵守,除非它们违反上帝的意志,或者超越了它们的适当领域。神圣法被揭示出来,以便人们了解如何获得永恒的幸福,这种法受到教会的监管,其代表是教皇,他在信仰问题上拥有最高权威。如果教会没有这样的代表,信仰就不会统一。基督徒必须服从他们的世俗统治者,因为这种服从对社会的秩序和稳定而言是必要的。即使君主不信奉基督教,他的臣民仍然有责任遵守世间的法律和规定,因为神圣法不会废除或取消人法。然而,教会可能会认为有必要解除背教君主的臣民的效忠,因为他可能会借助自己的权威破坏信仰。因此,教会手中的这种放逐是一种合法的手段。至于其他背信弃义的人，托马斯认为，尽管不能强迫他们接受基督教，也必须阻止他们妨碍信仰。在某些情况下，与不信者的交往可能是被允许的，因为通过这种交往，他们有可能被转向真正的信仰。正如经文所规定的，异端不应该被定罪，除非经过"第一次和第二次告诫"，但如果他在异端上表现得顽固和不肯屈服，就可能会被逐出教会，并交由世俗法庭处以死刑。

圣托马斯一去世，教会权力与世俗权力的古老争议就重新开始了。这场争议被教皇波尼法爵八世（Boniface）和法王腓力四世（Philip）之间的争端所激化。代表教皇提出的主张是，他的权力不仅涵盖宗教事务，还包括世俗事务，国王在这两个方面都应服从他。这种观点还进一步认为，所有财产的最终所有权都属于教会，教会以外的人没有正当权利拥有它。后来，特里乌姆福（Augustinus Triumphus）更进一步，主张作为上帝的代理人，教皇可以自行剥夺普通公民甚至国王的财产。与此同时，教皇的声望正在下降，这些要求毫不奇怪地受到了最强烈的攻击。14世纪的法学家们通过从宗教法和民法中提取的论点，以及对亚里士多德著作的引用，帮助巩固了国家君主制，这些君主制逐渐扩大了其司法权，损害了教会的权益。在强大的腓力四世的统治下，法国君主制的发展和显赫使得中世纪关于皇帝的普遍主权的理论备受质疑。事实上，这一理论已经变成了纯粹的虚构。人们认为国王"仅仅从上帝那里直接地掌握和拥有他的国家"，他的权利是神圣的权利。正如杜博瓦（Peter Dubois）所主张的，教皇不应干涉政治事务，而应该专注于宗教职责，即拯救灵魂。

尽管巴黎的约翰(John of Paris)和杜博瓦支持法国国王的最高统治权,但但丁(Dante)站出来为帝国利益辩护。他的《论世界帝国》(De Monarchia)实质上是为那个在霍亨斯陶芬王朝之后已经不再符合事实的世俗世界帝国辩护的陈词。尽管如此,他的文章清晰而令人印象深刻地陈述了帝国的理念。在但丁看来,只有通过让所有人类服从单一君主的统治才能实现人类的最高善,这是不言而喻的,这位君主"在时间上以及那些以时间衡量的事物上超越了所有人"。另外,精神利益必须是教皇的关切,他是教会神圣任命的领导者。但丁认为这种观点得到了亚里士多德的支持,他是"那些知识的导师"(il maestro di color que sanno)。因为"哲学家"在他的《政治学》中说过:"在一系列事物被安排以实现一个目标时,有一个事物应该调节或统治其他事物,而其他事物应该顺从。"当然,这是对亚里士多德论点的曲解,亚里士多德提出这个论点是为了表明,希腊人应该是野蛮人的主人,这与支持世界统治者的观点完全不符,正如我们所知,这种观点完全不符合亚里士多德对国家整体概念的理解。与主题更相关的是但丁的论点,即只有通过服从单一至高权威才能确保和平与宁静。他说,家庭、村庄、城市和国家都处于权威之下,但只要我们没有更广泛的权威原则,战争和冲突就永远不会停止。因此,必须有一个最高的仲裁者来解决所有人的争端,即一位皇帝。只有在他身上,我们才能期望有一个拥有超越一切个人欲望的地位的权威,他的唯一动机是确保对所有人实行完美的正义。此外,只有在一个统一的帝国中,我们才能期望人的自由得以保留。"民主、寡头政治和暴政都将人类推向奴役，任何在其中生活的人都会很快了解这一点。"但丁并不是指所有立法权都应掌握在皇帝手中，而只是认为"城市、国家和王国应被同一个规则所统治，以维护他们的和平"。而且，皇帝必须是罗马人，因为罗马是上帝指定的世界统治者。这个主张的正当性可以从这一事实中看出，即罗马自"圣奥古斯都"时代以来，总是不计个人利益，一直致力于促进世界的和平与自由。用西塞罗的话来说，她的政府"不仅是一个帝国，更是整个世界的保护国"，是上帝的旨意使得罗马能够广泛地扩展她的统治。然而，一个背弃信仰的教会竟然敢干涉上帝所指定的代理人的事务。但丁激愤地说："那些声称为基督的信仰热心的人，主要是一群'暴虐'之徒，并且'妄图'反抗罗马帝国；这些人不仅侵吞了教会的收入，还不断地占有教会的财产；教会变穷了，而他们虽然表面上主张正义，却拒绝允许公正的执行者，即皇帝，履行他的职责。"他们关于帝国从教会获得权威的辩解是虚假的，它们都一样是上帝的仆人。他们关于"君士坦丁的捐赠"的谈论毫无根据且自相矛盾，因为教会从任何人那里接受世俗权力不仅违反了教会的本质思想，而且即便这是真的，君士坦丁的继承人在逻辑上和公平上也可能将整个帝国的权力交给教会。事实上，帝国和教会都有各自独立的管辖权，对应着人作为在这个世界生活之人和作为永恒之子的双重本质。然而，我们不能否认，在某些事务上，罗马君主受制于罗马教皇。从某种意义上说，有限生命中的幸福可以被视作为追求永恒不朽的幸福而存在。"因此，恺撒应该对彼得表示尊敬,就像长子应该对父亲表示尊敬一样,这样他可以被父亲的恩典之光所照亮,从而可以更强大地照亮这个世界,而他只是被那位统治一切的主安排在这个世界上,无论是属灵的还是世俗的。"简而言之,帝国应该是教会的保护者,并应在属灵事务中谦卑地接受教会的教导。这样,它们之间才会有和平与和谐,才能联合起来共同致力于整个人类世俗的和永恒的幸福。

但丁被错误地称为"宗教改革前的改革者",这个头衔更适用于帕多瓦的马西利乌斯(Marsiglio of Padua),他的《和平的保卫者》(Defensor Pacis)预示了一种思维方式,这在16世纪才得以广泛表达,甚至预示了17世纪和18世纪的政治革命思想。这篇杰出论著的撰写契机是巴伐利亚的路易(Lewis of Bavaria)和教皇约翰二十二世(John XXII)之间的争端。通过击败奥地利的腓特烈(Frederic),路易成了德意志的统治者,他迅速表明了自己的意图,即表明自己行使作为意大利皇帝的权利。这表面上是关于世俗权力和神圣权力的对立的争端,实际上争议的问题是,究竟是法国、德意志还是意大利应该占上风。这场争端变得复杂了,因为教皇谴责了方济各会的立场,他们在保留财产的同时声称要过苦日子。对于教皇的行为,一群教士发起了强烈的攻击,其中最突出的人物是马西利乌斯,他是世俗神职人员,同时也从事医学实践,并曾短暂担任过巴黎大学的校长。

马西利乌斯认为,正如亚里士多德所言,国家的最终目的不仅仅是生存,还是良善的生活。因此,我们可以从这个原则出发,即所有人只要不丧失理性或受到其他方式的扭曲,都可以自然地追求完整而令人满足的生活。为了实现这一目标,需要一个公民社会。人们的激情使他们偏离了这个目标；他们容易受到自然力量的伤害和破坏，因此需要各种各样的技艺来抵御这些祸害。人们需要联结起来趋利避害。因此，政府是社会存在的必要条件。如果人们不受正义原则的规范，分裂和冲突最终将导致共同体的解体，这些规则是确保理性化政府的方法。由于政府的职能是制止危险的违法者和一切试图从内外侵害社会的人，所以国家必须能够对所有威胁其存在和最终目标的人采取武力手段。简而言之，政府的存在是为了提供良善生活的手段，并将其所需的东西代代相传；它必须能够自给自足地实现这一目标；必须存在不同的等级或职位，每个都贡献了人类生活所需的某些东西。现在，法律在严格意义上不仅是关于什么是正义和得当的知识，而且是以一种命令表达的准则，它对所有公民都具有约束力。那么，谁是法律的制定者或创制者呢？马西利乌斯明确回答，政治义务的根源在于人民整体。他说："根据真理和亚里士多德的观点，立法者，也就是法律实际的和专门的创造者，是人民或者是其中的多数人通过选举或更直接地通过公民大会的投票行动，来命令在社会人类行动领域中执行某项行动或禁止某项行动，否则将受到一定的世俗惩罚。"① 公民可以将制定法律的责任委托给某个人或少数人，但后者在严格意义上并不属于立法者，而只是在原初立法者的授权期间行事。(如果有的话)由人民来决定是否需要什么仪式才能进行有效的选举。人民根据时机、地点或其他情况的需要，直接或间接地修改、解释或推迟法律。在法律通过后，必须由同样的

---

① *Defensor Pacis*, bk. i. ch. 12.

权威宣布。马西利乌斯根据亚里士多德的观点给公民下了定义，即"那些根据自己的地位参与政治共同体，并具有决策或司法权威的人"。因此，制定法律的权力归属全体公民。普遍的公共利益更容易在这样构建的法律中找到，而不是来自单个人或少数人的行动，因为后者更容易受到追求个人私利而非共同利益的诱惑。如果法律是由一个人或少数人制定的，结果将是对其他人的专制，其余公民就会对法律感到不满并试图规避它；而如果法律是由他们自己制定的，他们就会遵守，因为它源于他们自己的意志。因此，全体公民必须拥有选举、纠正政府，并在必要时罢免政府的权力。似乎可以合理推断，一个通过选举而非继承上位的统治者要远胜于世袭的统治者。

马西利乌斯将人民主权理论应用于教会。这里的教会所指的不仅是牧师团体，而是所有信徒。因此，宗教事务中的最终权威是所有基督徒或他们的代表的集会，这些代表应根据每个重要的省份或地区的居民数量和特征来选择。大公会议必须包括教会中的平信徒和神职人员，它有权开除教籍，规范崇拜仪式，以及填补教会管理职务。教会的唯一职能是促进信仰，使人在来世获得拯救，但它不应该通过强迫手段来促进这一目标。强制执行其观点的权力在最高立法者手中，只有他拥有权利施加甚至是教会的处罚，如禁令和逐出教籍。教会层级不仅在世俗事务上没有权威，甚至在属灵事务中，神父也没有权力原谅罪行或免除罪人的惩罚；这是上帝独有的权能，神父的职责仅仅是证明神的行为。教皇并不比其他主教拥有更多的管辖权，尽管他拥有最为卓越的尊贵地位。

从14世纪中叶到15世纪末,人们的思想逐渐转向了国家观念,而不是帝国观念。封建贵族的政治权力明显衰落了,在15世纪结束之前实际上已经几乎被摧毁。另一个重要的因素是,城市的政治意义增加了,由于它们在商业和工业方面的经验,它们能够对抗教会的生活理念,并提出自己的理想生活方式。在英格兰、法国和西班牙,市民协助国王推翻了贵族,在德意志,它们实际上变得独立了,而在意大利则表现出古代城邦的特征。与此同时,教会内部存在两位竞争的教皇,他们相互谴责对方,导致了对教会统一性和君主制政府形式信念的瓦解。教会的分裂致使1414—1418年康斯坦茨大公会议的召开,结果在很大程度上将教会权威交给了公会,而不是教皇。尽管教皇最终成功地摧毁了公会,但它的实际权力被大大削弱了。

与威克里夫(Wycliffe)与胡斯(Huss)相关的运动在精神上是民族性的和反教皇的。威克里夫发展的权威理论在政治思想史上具有一定的重要意义。上帝的权威是最高的,它是直接和即时的。在这一至高权威之下,有两种类型的统治,即自然的和公民的,前者由所有基督徒共享,后者源于人类的原罪。威克里夫将神与世俗领主的关系描绘成封建领主与其附庸之间的关系。他认为,贵族政体是理想的政府形式,而君主制只是由于人类从纯洁状态中堕落而需要的一种妥协形式。他认为,奴隶制是一种人类制度,源于原罪,这与圣奥古斯丁的观点类似,而上帝的选民由于在自由和高贵方面是平等的,于是将奴役视为一种无关紧要的事情。永久的世俗财产的授予既不能由人也不能由上帝来公正地实行。因此他得出结论,如果教会法人滥用了其世俗财产，那么这些财产就可以被剥夺。正如他与马西利乌斯和奥卡姆（Ockam）一致认为的，神职人员只有在遵循基督的律法时才有权威。因此，教皇的任何公告或其他文件本身没有任何有效性。总的来说，胡斯在所有重要问题上与威克里夫保持一致，他成了反对主张神职人员无所不能的权力要求的代言人。

第四章
从马基雅维里到格劳秀斯[*]

16世纪初,君主制的逆转已经取代了在教会和国家争取有限政府的运动,而罗马教廷在教皇利奥十世(Leo X)的领导下得到了实质性的加强。马基雅维里充分认识到了这一事实,同时也意识到当时存在一种表达民族性和君主制的趋势。与基督教欧洲共存的帝国的旧观念已经消退,对他来说,复兴已经分裂为五个国家的意大利的唯一方法是由一位拥有卓越智慧和坚强意志的意大利君主进行统治,并获得人民的支持,武装反抗外国的支配。

马基雅维里从现实主义的视角探讨政治哲学问题。他的目标是确定建立一个强大、团结且高效的权威的条件。至于政府的最佳形式,他认为这尽管很重要,但只是次要的。他看到小型专制国家受小暴君的压迫,共和国因内部派系斗争和相互仇恨而陷入困境。他个人更倾向于共和制或有限君主制,但他也愿意接受专制主义,只要这是保卫国家存续的唯一或最佳方式。不管是人民、国王还是暴君,统治者唯一不可或缺的品质就是

---

[*] 此处原书目录与正文标题不一致,原书目录中第四章标题为"从马基雅维里到格劳秀斯的国家理论",本译本根据正文标题统一。——译者

坚定的意志和敏锐的洞察力。他从对当时事实的研究中得出的主要教训是，意大利的毁灭和分裂源于虚弱无力。不应该根据任何虚构的"自然法则"来评判统治者，而应根据其是否有效地履行了作为统治者的真正职责。功利和道德是评价他应该受到赞扬还是责备的标准。这在《君主论》(*Prince*)中体现得尤为明显，在《论李维》(*Discourses*)中也是如此。在前一部作品中，他分析了强大君主的政治体制；在后一部作品中，他分析了强大共和国的政治体制。在这两部作品中，他关心的都是维护国家权力的方法，而不是关于其基础的抽象问题。

对于自由政府的破坏者，马基雅维里没说过一句好话，正因为如此，他建议同胞以罗马共和国为榜样。他说："在一个共和国中，不应该依赖非常规的政府手段，尽管这种方式可能在某一时刻产生好的效果，但这种做法会带来害处，因为违反法律以达到好的目的的做法会为追求坏的目的而违反法律提供了借口。"因此，他不同情革命独裁者。毫无疑问，有些情况下改革无法通过普通手段实现，那就必须诉诸暴力和武力。在这种情况下，必须有人将自己确立为至高无上的统治者，但当他通过暴力手段这样做时，他很可能是一个坏人，因为好人不会通过这种方式爬上权力的巅峰。而一个通过这种方式达到至高无上地位的人，也不太可能将他不正当获得的权力用于好的目的。这是任何一个陷入动荡的国家的永恒困境。然而，马基雅维里就像亚里士多德一样提出了一种维护专制统治的方法。专制统治者必须鼓励人民追求他们的事业，并确保他们获得利益；他必须通过宴会和表演来取悦他们；必须在各方面提升城市的声誉。马基雅维里坚信，民主政府只能在国家得以良好建立并尚未腐化的情况下存在，否则就需要一个"强力药物般的"专制统治者，凭借其强大的力量来纠正错误。马基雅维里相信混合政府，这会给君主、贵族和人民提供发挥作用的机会；对他来说，在紧要时刻，君主扮演着最重要的角色。

有限城邦的理想深深地引起了马基雅维里的共鸣，其中艺术和哲学的文化是主要目标，但他认为这太难实现了，不值得认真考虑。毫无疑问，一个完全平衡的国家将是真正的政治存在。"但所有人类事务都在发展中，不可能停滞不前；它们必须前进或衰退；在理性无法引导的地方，通常是必要性驱使其前进。"一个仅仅出于生存的目的而组织起来的国家很可能会被迫采取扩张政策，从而更快地走向灭亡。他认为希腊国家缺乏政治智慧，因为它们没有能力成功扩张，而罗马实现了帝国，显示了其理念的完美。

马基雅维里与中世纪最明显的决裂体现在他对道德和宗教的态度上。他几乎不提自然法，其在古代和中世纪哲学中都被认为是政治科学的根源；而通过直接启示显现的上帝法则被认为与政治科学毫无关联。因此，他故意并有意识地将政治科学与伦理科学分开。他并不否认道德美德的卓越，但拒绝将它们视为政治美德的基本条件。政治中强者的唯一目标是在建立和扩展政府权力方面取得成功。在《君主论》和《论李维》中，马基雅维里对使用暴力、残酷、欺诈等恶行仅有限度地表示反感，而对于使用美德和宗教也几乎没有表现出道德欣赏。他坚持认为，尽管一个君主要成为一个善良的人是值得称赞的，然而他必须准备好牺牲哪怕是自己的良心,如果这在国家的利益上是必要的。明智的统治者自然会避免那些危害国家的恶行,但为了维护政治权力,他可以合法地采用欺骗和伪善的手法。"君主必须表现得诚实、正直、人道和虔诚",但他的思想必须经过严格的训练,当需要拯救国家时,他会不顾这些原则而行动。"因此,君主应该考虑维护国家;这些手段总被认为是光荣的,并会受到普遍赞许。"同样的方法也适用于共和国。马基雅维里说:"我相信,在面临国家生存危机时,君主制国家和共和国都会为了保护它而背信弃义或忘恩负义。"统治者的唯一任务就是拯救国家。在一个世界上有很多坏人的情况下,一个完全善良的人将无法与之相抗衡。对抗邪恶有两种方式:一种是通过法律,另一种是通过武力;但由于第一种方式并不总是那么有效,因此有时可能需要采取第二种方式。当一个人的诺言会损害自己或国家,或者使他作出诺言的原因已经消失时,一个明智的人既不能也不应该信守自己的诺言。他不应该让自己的怜悯的声誉干涉到在某些情况下必须实施的严厉措施。如果他能既被人爱又被人畏惧,那将是最好的;但如果情况迫使他在它们之间做选择,那么被人畏惧要比被人爱更好。在任何情况下,整个问题的核心都是什么对国家最有利。在国家的安全受到威胁时,不应该考虑公正或不公正、怜悯或严酷、荣耀或耻辱,而应该采取能够保护国家存续和自由的行动。

马基雅维里绝不是一位坚定支持君主制政府的人。在类似经济平等的情况下,他认为唯一可能的政府形式是共和制。整体而言,人民比君主更明智,而且不会更忘恩负义。尽管他们

第四章 从马基雅维里到格劳秀斯

在大原则方面经常犯错,但在具体措施方面通常是正确的。至于谨慎和稳定性,他说:"我认为人民比君主更谨慎、更稳定,而且判断力更好。"永远不要让一位君主抱怨统治下的人民的过错,因为这些过错要么是由于他自己的疏忽,要么是由于他自己也有这样的问题。如果考虑到一类人总是爱抢劫和违法,你通常会发现他们只是在模仿他们的统治者。最重要的是,在任何情况下,无论君主是世袭的还是篡位而来的,他都不能得到安全,除非他建立在民众的支持和善意之上。比起拥有大量堡垒,更好的是不被人民憎恨。

对于世袭君主,尤其是对于新近确立的君主,唯一明智的政策是尊重国家已有的制度和风俗。君主必须拥有一支强大的军队,并努力在臣民中灌输恐惧。与此同时,他必须树立高尚的目标和崇高品格的声誉,并慷慨鼓励有益的艺术。马基雅维里始终坚持国家的基本法和普通立法之间存在区别。法律自然地反映了风俗的变化,而宪法则保持不变。宪法的僵化最终会导致国家的灭亡,除非它被修改以适应新的条件。然而,即使在实质上进行了根本性的改变,尊重古老的形式也是明智的;而这很容易做到,因为只要保持表面的尊重,人民通常不难取悦。需要有特定的政府官员,他们在重大紧急情况下可以行使绝对权力。这在民主政府中尤其必要,因为它行政效率较低。马基雅维里认为,派系之间的斗争不是坏事,而是伟大国家的条件,因为它可以帮助筛选出最有能力的领导人,并促进政府机构和法律的建设,这些在日后将成为政府的支柱。

毫无疑问,马基雅维里坚持公共道德与私人道德之间存在区别，这一点是正确的，一个爱国的政治家可以做许多在私人个体身上会引起严厉谴责的事情。然而，认为一个负责整个国民生活和繁荣的国家不能像我们评判在相对有限的行动领域中的个体那样被评判，与认为国家可以摆脱所有道德法律，在任何情况下都可以使用欺诈、欺骗、背信弃义和暴力作为正常行为原则是两码事。如果政治家采用这种方法来让自己国家的扩张作为一种既定政策，即使在国家的生存没有受到真正威胁的情况下也是如此，那么他也不能被免除责任。我们必须考虑到，这种不择手段对它所代表的国家整体精神生活的必然影响，更不用说它对其他国家臣民的影响。无论如何，试图为仅因害怕国家灭亡而采取的行动辩护，并将其视为国家行动的固定原则，是不符合国家更高利益的，更不用说还存在一种持续的诱惑，即每当有冒险采取不道德政策的诱惑时，就会找到理由认为国家处于危险中。不能被认同的是，政治家的职责是努力牺牲其他国家的利益为自己的国民争取特殊优势，就好像一个国家的真正利益必然与所有其他国家的利益对立一样。我们越来越认识到，最高级别的政治智慧实际上也是唯一合理的形式，是把各个国家视为在共同人类事业中的合作伙伴。毫无疑问，我们距离实现这一理想还有很长的路要走，但迈向这个目标的第一步是摆脱国家必然敌对的观念，这种观念认为唯一法则是"丛林法则"。

正如马基雅维里是文艺复兴的代言人一样，路德代表了宗教改革的政治哲学。宗教改革的影响一劳永逸地在人们的心目中替代了教会的权威，取而代之的是国家的权威。君主不再是封建君主，而依靠自己独立的权力统治，皇帝的权威实际上消失了。路德从未允许人民反抗君主的权威，因此他在1525年反对农民的起义。路德否认了神圣和世俗之间的区别，坚持等级不平等的必要性。尽管他的影响总体上有利于民族主义，但受益的不是德意志人民，而是领土上的君主。在他看来，君主只对上帝负责，而不对人民负责。对他而言，唯一能够确保个人享有权利和自由的力量，是具有绝对权威的君主；他认为唯有如此，世俗权力才能从教权的控制中解放出来。实际的结果却是，君主获得了对臣民宗教的控制权，并使宗教依赖于政治家的意志。帝国的权威被摧毁了，但与此同时，通过将不抵抗原则从帝国转移到君主，从教权转移到世俗权力，所有对君主专制的制约都被取消了。

马基雅维里的问题是如何保护一个其生存受到威胁的国家。而另一方面，让·博丹（Jean Bodin）试图真正提出一个国家理论，并对他所理解的政治主权下了明确的定义。主权是对公民和臣民至高无上的权力，自身不受法律约束。这种权力不应是暂时的，而是永久的。赋予官员或私人个体的任何权力在其性质上都与主权权力不同。人民可以将最高和永恒的权力赋予个体，他们已经放弃了自己的权威，就像一个人可以将他的财产的所有权和占有权转让给另一个人一样。在这种情况下，个体可以拥有主权，前提是转让是没有条件的。在这种情况下，君主在法律之上，尽管他仍负有道德义务和道德责任。"如果我们将主权定义为一种不受任何法律束缚的权力（legibus omnibus soluta），那么就不可能找到一个君主具有主权，因为所有君主都受到神法、自然法以及与这些法不同原则的万民法的约束。"君主可以废除、修改或替换自己制定的法律,而无需得到臣民的同意;但他不能废除或修改关于至高权力的法律,因为这些法律与他所拥有的主权密切相关。即使君主曾发誓要遵守他祖先的法律,但也只有在这个誓言是作为继位的条件向他的臣民发表时,他才受其约束。主权的首先和主要职能是为公民制定法律,而君主无需获得任何大会或元老院的同意。他可以召集大会或元老院,但最终的决定则完全由他自己作出。习惯法对君主的权威没有影响,因为它只有在得到君主认可时才具有强制力,而一旦得到认可,它就具有了法律力量。

格劳秀斯(Grotius)对政治科学最重要的贡献是,他制定了国际权利和义务。这样的规定非常必要,因为需要找到一种替代基督教影响力的方法,基督教曾经把各国联系在一起,但当一国是天主教,另一国是新教时,基督教的影响力就无济于事了。重新兴起的自然法观念弥补了这一点,自然法规定了分裂和交战民族的权利和义务。在主权学说中,格劳秀斯没有比博丹更进一步,他将主权权力与私人权利相类比的做法模糊了主权权力的真正性质。社会建立在原始契约之上的理论,最初是用来捍卫君主的绝对权力的,但它同样适用于支持人民的主权;因为契约的本质意味着双方都必须遵守契约条款,当任何一方违反契约条款时,契约就不再具有约束力了。实际上,事件的发展导致契约理念在欧洲大陆上被用来支持绝对君主制,而在英国,它被用来为革命辩护。

第五章
民族国家：霍布斯、斯宾诺莎和洛克

正如我们所看到的，智者试图通过建立一个"既不做恶也不受恶制约的契约"来建立国家。这一关于个体与国家分离的观念，涉及将个体看作拥有与社会分开的自然权利的主体，他自愿暂时放弃这些权利，以获得更大的个人利益，这是霍布斯（Hobbes）、洛克（Locke）和卢梭（Rousseau）的共同假设，也被边沁（Bentham）和奥斯丁（Austin）所接受。霍布斯认为，在自然状态中，每个人都为自己而战，为了摆脱由此而产生的相互残杀的战争状态，个体通过缔结契约或协定，将他们的权力交给某个个体或某些个体，从此以后，这些个体将行使所有个体的综合权力。这个契约是不可解除的，政府对于指导社会所有成员的行动具有不可剥夺的权利。确实，唯一真正的君主必须依赖人民的同意来获得权力，但霍布斯默示了一种假设，即一旦建立起君主权力，就不能废除。如果事实上臣民足够强大并能够抵抗关于主权的要求，这个权利就会消失。因此，义务的唯一来源是有能力强制执行服从的权力。统治者的权利只能通过自然权利来确立，这意味着它的基础就像一个处于自然状态的个体一样，依赖于其权力来维护。

君主的权力可以通过一些方式获得，比如人们在死亡威胁下服从征服者。这样的君主在霍布斯那里并不是真正的君主,因为他的权力不基于任何契约。唯一真正的君主是那些权力来自人民同意的君主。但霍布斯默认了这样一种观点:通过征服获得主权的君主可以像通过制度程序获得主权的君主一样行事。君主能够主张的唯一权利就在于他的权力优势,而一旦臣民能够抵抗这种权力,这种权利便不复存在了。成功的反抗将表明君主权力已经不复存在。霍布斯只能通过区分统治者的权力(Power)和权利(Right)来展示臣民有反抗的权利。建立起的主权只能拥有一种自然权利,而这实际上就是权力本身。如果它表示其他含义,那么它必须表明人们除了单纯的权力之外还有自然权利,这些权利可以通过颠覆后者来维护。但如果存在这样的权利,那么统治权力与这些权利之间就可能发生冲突,从而正当化了对统治权力的抵抗。

与古代观念一致,斯宾诺莎(Spinoza)认为国家是人类摆脱"悲惨得几乎像野兽一样的生活"的伟大手段,这是那些"在没有政治秩序的野蛮状态下生活"之人的生活。的确,国家不能决定人的整个生活;有些领域和利益超出了国家的范围;然而,有许多事情只有国家才能做到,它是人类幸福的最重要手段之一。那么社会如何获得其权力或权利呢?斯宾诺莎的答案是,人拥有一种与他对事物的控制力相等的自然权利。这种权力并不是无限的,因为每个个体只是整个秩序或系统的一部分,它由宇宙或上帝的内在本质构成。人类的善是有助于其最大福祉或幸福的东西。人们在如何实现自己的幸福方面确实经常犯错,但这仅仅是判断错误所致,那些对自己真正幸福的本质有清晰概念的人，无法不去寻求和追求它。坏行为是表达出不充分观念的行为，它的坏完全在于这种不充分。因此，使一个人变得更好的唯一方法是为他提供改变其观点的理由。社会通过法律鼓励勤奋、进取、诚实和节俭为公民提供了充分的理由，让他们视这些品质为对自己有益的东西。如果能说服偷窃者，让他相信他在剥夺他人金钱方面所展示的技能可以以另一种方式更有利于他自己，那么他可能会变成一个诚实的商人。对恶人感到愤怒或愤慨不仅毫无用处，而且不能消除导致他恶行的原因。正确的方法是建立更好的社会存在条件、更适合的劳动条件和更好的家庭生活形式。国家的目标是使人们自由，即劝导他们按照理性生活，这只能通过规定和强制执行某些行为来实现。个体必须遵守法律或接受国家所强加的惩罚。如果每个人都遵循理性，他就不会再说有义务遵守法律，而只会谈论自由、幸福以及与同胞之爱，这与对上帝的爱是一致的。法律并不是命令，而是一个人或其他人为了某个特定目的而规定自己或其他人的一种行为准则。但由于真正的生命目的只被极少数人认可，因此立法者只承诺奖励那些遵守法律的人，并威胁对那些违反法律的人进行惩罚。基于此，法律被视为一种命令。人类不是天生具有道德和社会性的，而必须努力朝着社会性前进，国家是这一竞争中的主要道德机构。在自然状态下，人们是彼此的敌人。但这只是人类的原始状态。每个人都希望生活在安全和无惧中，但只要在仇恨、憎恶、愤怒和欺诈取代理性的情况下，这个目标就不可能实现。

斯宾诺莎反驳了霍布斯的这一观点，即在自然状态下"一切人反对一切人的战争"。人们自然而然地彼此联结，发现他人的帮助对于自卫和满足自然需要是必要的。如果没有相互帮助，他们将在极度困苦中度过一生，而一个稳定的秩序会给个体带来积极的好处。因此，即使在自然状态下，那些最受理性引导的人也是最强大且最遵循法律的人。如果所有人都受到理性的引导，他们将对欺骗和诡计深恶痛绝，并会严格遵守每一个承诺，从而展现出忠诚，这是最好的防御手段。无论我们回到历史的哪个时期，都找不到一个人类没有理性能力的时刻，这种能力并不是由国家创造的，相反，它是国家形成的原因之一。

95 　文明秩序是人们思想的有意识的和刻意的创造，它之所以建立，是因为人们认识到通过确立法律、习惯、行为方式和统治形式，每个人获得的都会比他失去的更多。因此，国家是一种特殊类型的社会契约，它不是从任何其他契约中获得其特性的，而是所有这些特性的条件。它不一定需要基于自愿的同意，它也可以建立在强制和征服的基础上，就其自身而言，它通常被认为是绝对的，不能被轻易废除。它也不依赖于口头或书面协议，而是源自人的本质。无论在统治者的判断中共同利益是什么，他都有权这样做。如果违反社会契约是出于维护公共安全的需要，那么就毫无疑问地这样做，然而，判断是否违反契约的权利并不属于普通的公民个体，而只属于那位拥有最高权力的人。在所有其他情况下，国家都有责任遵守契约条款，原因与一个处于自然状态的人如果不想成为自己的敌人就不应该自杀相同。

　　政府远非一种外来的、敌对的力量，相反，它是人类在世界上最好的朋友。个体利益与共同体利益之间没有对立。理性告诉我们,应该寻求有助于和平的事物,而只有在国家的普通法不受侵犯时,才能确保和平。"国家状态的建立本来是为了克服共同的恐惧,消除共同的不幸。由此可见,国家状态的主要宗旨也是每个有理性的人在自然状态下努力争取的目标,虽然在那种状态下是徒劳无功的。所以,倘若有理性的人根据国家的指令有时做出明知违反理性的事,他从国家状态的实际存在中取得的好处也足以补偿这种损失而有余,因为,我们必须记住于两恶之中择其小者正是一项理性的法则。由此,我们可以得出结论:一个人如果依据国家法律的要求行事,他绝不会违反理性的指令。"①

因此,国家的目的不是通过恐惧来制约人们,并使他们屈从于外来的枷锁,而是要"使每个人摆脱恐惧,以便他能尽可能安全地生活;也就是说,他可以以最好的方式维护自己生存和行动的自然权利,而不会对自己或邻居造成伤害"②。因此,在自然状态下,每个人拥有的权力和权利在文明社会中都不属于他。如果一个人被隔绝在文明秩序之外,他就必须接受其后果,因此我们可以说文明秩序对每个人来说都是自然的,由其中的每个个体的思想和意志来维护。通过它,文明秩序使人免受自己内心的低级冲动的影响,同时也保护他们免受其他人对他们的侵犯。法律是理性的表达,因此也是人的更高自我的表达;所以,宗教和他自己不受引导的判断都不能替代它。国家

---

① *Tractatus Politicus*, iii. 6; Duff's *Ethical and Political Philosophy of Spinoza*, p. 267. (中译文参见斯宾诺莎:《斯宾诺莎文集》第 2 卷,王荫庭、冯炳昆译,商务印书馆,2021 年,第 205 页。——译者)

② *Theol. Pol.* ch. 20; Duff, p. 267.

确实是必要的，但它是一种思想上的必要。

个体为了享受文明秩序的好处放弃了什么？在最高意义上说，他并没有放弃任何东西，但在较低意义上，他放弃了根据自己的判断并为自己的利益而行动的权力和权利，并同意按照国家认为对所有人最有利，因此也对他自己最有利的方式来管理自己的行为。换句话说，他放弃了自己的自然权利，支持一种执掌整个共同体自然权利的统治权力。例如，个体没有任何绝对归自己所有、不受国家干预的财产。所有财产都属于共同体，如果我们区分私人财产和公共财产，那只是因为在一种情况下，财产被委托给私人公民使用，而在另一种情况下，它由公共机构管理。

霍布斯将国家视为统治者，而斯宾诺莎则更恰当地区分了二者。在他看来，在理想的国家中，统治者的权力是绝对的；但对他来说，这意味着只有以公共利益为出发点的统治者才能在控制臣民方面拥有绝对权力。斯宾诺莎确实坚决反对绝对君主制，他认为这是最危险和最不稳定的统治方式之一。他在其社会理论中贯彻了他最初提出的原则，即没有人拥有的权利比他拥有的权力和洞察力更大。尽管人民可能与统治者订立了契约，统治者也可能得到了教会的承认，但如果他不履行自己的职责并维护整个共同体的利益，他就一定会失去权威。斯宾诺莎认为，这个原则是对抗霍布斯所倡导的专制主义的唯一保障。统治权和要求服从的权利在违反有序的公民生活所必需的条件时会失效。他说："必须具备某些条件，才能使国民对国家抱有敬畏之心，如果不具备这些条件，敬畏之心以至国家本身都会化为乌有。所以,为了使国家掌握自己的权利起见,必须保持引起敬畏之心的条件,否则,国家就不成为国家。对于执政的最高掌权者来说,不可能一方面酗酒狎妓,赤身露体,粉墨登场,公然破坏和蔑视自己颁布的法令,一方面还保持统治者的威严;这就像是与存在同时而又不存在一样不可能。况且,虐杀和掠夺国民,诱拐妇女,以及其他类似的行为会把畏惧化为激愤,从而使国家状态变成战争状态。"①

斯宾诺莎否认我们可以直接将适用于个体的原则应用于国家。作为最高权威的国家,如果不忠于自己,就会与公民的利益发生冲突。遵守一个不符合公民利益的条约,就是违背国家理念的行为。只要各个国家各自为政,就会存在相互敌对的状态,直到有一个比它们任何一个都更强大的组织力量出现,这种敌对状态才能结束。确实可能会建立一个国家联盟,以大大减少战争;而且参加联盟的国家数量越多,发生战争的可能性就越小。然而,每个国家都必须关心自己公民的利益,不能愚蠢地参加损害这一目标的任何协议。

国家的专制也有另一面。国家必须独立于公民作为私人个体所拥有的任何权利或权力。公民只有国家赋予的权利。因此,任何个人、团体、行业或教会,如果未经国家授权而获取了权利或权力,只能证明国家的脆弱和无效。为了保持独立性,国家必须至高无上,因此不能将其权利转让给任何其他组织或个体。

---

① *Tract. Pol.* iv. 4; Duff, p. 289. (中译文参见斯宾诺莎:《斯宾诺莎文集》第 2 卷,王荫庭、冯炳昆译,商务印书馆,2021 年,第 216—217 页。——译者)

斯宾诺莎关于国家的理论比霍布斯的理论有了明显的进步，特别是在权利的来源方面。认为人们在社会之外拥有权利的观念是霍布斯社会契约理论的基础。该理论假定人们在社会存在之前就拥有权利，只是为了更好地保护自己的个人利益而放弃了这些权利。因此，权利与义务是分离的，人们认为在社会形成后，除了一些在新条件下仍然存在的原始权利，他们所拥有的唯一权利是由积极法令授予的权利。事实上，正如斯宾诺莎所看到的那样，没有哪种权利不是源自社会成员对共同利益的意识，因为权利意味着被共同意志承认。

然而，尽管斯宾诺莎的观点具有启发性，但似乎并不自洽。他认为，人们聚合起来是因为他们相信这样做能最好地实现延续自己存在的努力。他认为在文明社会中，人们的动机与自然状态下的动机并没有太大的不同。

在他的国家理论中，他坚定地贯彻了他的伦理哲学基本原则，即人类的最高善源自存在于所有生命形式中自我保存的冲动（conatus sese conservandi）的结果。他反对任何形式的自我牺牲甚至自责。对他来说，禁欲主义（Asceticism）只是一种严厉和忧郁的迷信（torva et tristis superstitio）。所有行动的真正目的是确保最大的自我满足或个人幸福，而在这种纯粹肯定的态度中，斯宾诺莎发现了国家的和最高形式的幸福的奥秘。从存在于人类初始思维中的动机即激情出发，通过开明的自我利益，可以实现对共同福祉的认同，从而获得解放。问题的关键在于通过更广泛的理性视角获得的更深刻的启发。当我们将自己的生活与整个社会的生活联系起来时，我们就会看到狭隘的激情生活的非理性，我们就会在共同幸福中寻求自己的幸福。

这种关于从自然状态过渡到社会状态的描述存在一个缺陷，即它没有为后者提供合理的理由或解释。如果我们一旦承认，在所谓的自然状态中，人已经拥有权利，那么在原则上就不会有自然状态(status naturalis)和国家状态(status civilis)的区别了。实际上，在自然状态中不可能有权利，而只有权力，或者如果有的话，那只能是因为人类在自然状态中被赋予了那种只在文明状态中才出现的相同的本质。因此，斯宾诺莎的观点实际上导致了一个两难选择：如果在自然状态中存在权利，那么社会就已经形成；如果只有权力，那么这些权力就不会发展成为权利。

斯宾诺莎从激情到理性的过渡实际上是一种掩盖其社会观念的缺陷的手段。激情中包含有缺陷的元素，它是一个不充分的观念，而这种不充分来自其有限性。消除这个原因造成的限制，它就会变得充分。个人的野心在道德上是错误的，但当它与整体的观念联系在一起时，它就会变得符合道德。现在，这种看待问题的方式掩盖了斯宾诺莎实际上的质的过渡。自私的野心不仅因为它是不充分的而与无私的野心不同，还因为它是错误的。因此，这种差异是无限的。当然，它在道德上有误导性，因为它暗示了个体关于最高善所需的错误观念，但这个错误观念掩盖了一种本质上的区别。斯宾诺莎认为，激情包含了一种面向自我实现的冲动，因此在某种程度上与无私的野心，即导致一个人将自己的利益与共同体的利益等同的野心，在本质上是相同的，但只是在作为一种对善的真实但盲目的努力时才是相同的。因此，与真正的自我实现一样，这也同样是对它的违背。从自私的野心到无私的野心的过渡只能通过否定前者中的缺陷因素来实现，而这种否定与肯定一样重要。因此，所有的道德行为都包含了否定和肯定的因素，忽视否定因素导致斯宾诺莎将道德视为纯粹的自我肯定。同样需要进一步说明的是，正是这种忽视才致使其认为国家是一种契约，即各自追求自己个人利益的不同意志的协议。其政治哲学和一般哲学的根本错误在于，他将单个个体看作与社会分离的自然存在，然而，除非个体在社会中履行职能以使他有利于整个共同体的福祉，否则就不可能有明显的道德行为。斯宾诺莎否认了一切目的因，这阻碍了他采纳上述观点。他认为，人类像其他生物一样，只受质料因和动力因的影响，因此他既不能适当地谈论权利，也不能谈论责任，因为这两者都意味着与一个目标的关联，即整个社会的利益。这并不妨碍他隐含地假定，人类事务是朝着一个目标发展的，比如他说人们寻求实现更高形式的社会。他认为，对世界的清晰理解将带来从低级社会向高级社会的进步；在这样做的过程中，人们的行为受到一种对社会完美的理念的引导，而不仅仅被追求个人幸福的冲动所驱使。

尽管在思辨领域逊于斯宾诺莎，但洛克凭借其强烈的常识更接近真正的政治理论。他与霍布斯的不同之处在于，他将最初的契约只看作一项形成文明社会的协议，这个社会必须有一个政府，但不一定是同一个政府。人民始终保留着重新收回授予立法机构和行政机构的权力的权利。因此，洛克事实上为革命权辩护。立法权力高于所有其他组织，但最终它受制于共同体的意志。因此，一个制定不良法律或未能制定良好法律的政府可以被废除，并由另一个政府取而代之。人民的自由不容被剥夺。当行政权授予一位宪政君主时，下级官员从他那里获得权力，但只有在他按照法律行事时才应该服从他。当他不能代表公共利益并擅自行事时，他就在自我贬低，变成了一个"毫无权力的普通人，也没有权利要求他人服从他的命令，人民只对社会的公共意志负有服从义务"。① 因此，洛克将"至高权力"这一概念分成了三个不同的方面或层面来讨论：(1)立宪君主的至高统治权力，(2)最高立法机构的至高权力，(3)整个公众舆论和整体人民的力量。好的政府由立法和普遍意志之间的关系来确定，这是最终的政治主权，并通过代议制机构、请愿书、公开会议、自由新闻以及各种其他手段来表达。如果这些被干扰或拒绝，公共意志可以通过武装起义来表达自己，或者如果这不可能的话，则可以通过密谋来行动。国际法并不是对国家绝对主权的限制，而是自我强加的。毫无疑问，承认国家作为国际社会中的成员，对其无限的独立性施加了道德约束，这种道德约束只有当最终政治主权的意志被承认时，才对合法主权施加道德约束。

---

① Locke's *Treatise of Civil Government*, bk. ii. ch. 13.

第六章
民族国家（续）：卢梭、康德和黑格尔

18世纪，由卢梭撰写的《社会契约论》（*Contrat Social*）一书标志着人们从抽象观念到更具体地理解国家本质的过渡。像探索新领域的开拓者一样，新的政治理论常常被套入传统的法学传统之中，结果可能导致对卢梭基本思想的误解或忽视。当他告诉我们"人生而自由，却无往不在枷锁之中"①，我们自然会认为，他是在为不经世事者辩护，并指控文明社会是对人类自由的限制。这绝不是他的意思，尽管不得不承认，他对自然状态的混淆解释支持了这种错误的解释。他的观点在其对格劳秀斯的批评中得到了明确表述。格劳秀斯认为，政府基于强力（force），而不是建立在被统治者的真正同意之上。但是，卢梭辩称这使得权利取决于哪个权力恰巧最强大，随着权力的减弱，权利也会减弱。格劳秀斯质疑，如果个体可以放弃其自由，那么为什么人民不能把他们的自由交给国王来保护呢？对此，卢梭回答说，没有人可以正当地放弃自己的自由，即使他能够放弃自己的，他也不能剥夺后代的自由；因此，对每代人而言，人民都必须有权接受或拒绝政府。放弃自己的自由就是放弃了

---

① *Contrat Social*, i. 1.

使自己成为人的特质,也就破坏了行为的道德基础。格劳秀斯说,人民可以选择国王,但他没有注意到,在选择国王之前,一个国家必须首先存续。①

在批评了格劳秀斯的观点不够充分后,卢梭以不同的方式来探讨这一问题:"找到一种结合形式,它用全部共同的力量来捍卫和保护每个结合着的人身和财产,在结合体中,每个人虽与众人联合,却只服从他自己,并且和从前一样自由。"② 这种表述存在一定的缺陷;因为明显地,如果人最初是自由的,那么当他隶属于社会时,他的某些自由必定会丧失;另外,如果人在社会中具有更大的力量,那么他必定比以前更自由。这个缺陷与卢梭陈述他的共同意志学说时采用的个人主义术语有关。他从未完全纠正这种谬误,即人在社会之外是自由的,而其论点的核心事实上是,只有在社会中,人才是真正自由的。

社会契约论的要点可以归纳为:"我们每个人都把自己的人身和全部力量共同置于普遍意志的最高领导之下。"③ 毫无疑问,"每个个人都可以有与他作为公民来说所有的普遍意志相反或不同的私意",因此,"为了使社会契约不至于沦为空洞的条条,它应暗含这一承诺……不论是谁,如果他拒绝服从普遍意志,那么整个团体将强迫他服从:这别无他意,只是迫使他自由"。④

---

① i.4, ii.5.
② i.6. (中译文参见卢梭:《社会契约论》,杨国政译,上海译文出版社,2018年,第13页。——译者)
③ i.6. (中译文参见卢梭:《社会契约论》,杨国政译,上海译文出版社,2018年,第14页。——译者)
④ i.7. (中译文参见卢梭:《社会契约论》,杨国政译,上海译文出版社,2018年,第17页。——译者)

因为如果认为社会中的个体实际上是一个真实存在,那么在某些情况下,对个体采用强制手段可能是确保整个社会自由和秩序的必要条件。"从自然状态到社会状态的过渡在人身上产生了非常显著的变化,在人的行为中,公义取代了本能,他们的行为具有了从前所不具有的道德性。只是在这时,义务的声音代替了生理的冲动,权利替代了欲念,此前只关注自身的人发现自己不得不按照其他原则行事,在听从自己的习性之前先要叩问自己的理性。尽管人在这种状态中丧失了得自于自然的诸多好处,但他也获得了一些巨大的好处,他的禀赋得到了锻炼和发展,思想开阔了,感情高贵了,整个灵魂上升到如此高度,以至于如果对这种新的状态的滥用不经常使他堕落到比他脱胎出来时的状态还糟的地步的话,他应该对这一幸福时刻庆幸不已,因为正是这一时刻将他从自然状态中永远地摆脱出来,把他从一个愚昧而又狭隘的动物变成一个智性的生物,一个人。"因此,我们必须"区分自然的自由和人为的自由、占有权和私有权:自然的自由仅以个人的力量为界限,人为的自由则受普遍意志的限制",而且我们可以"把精神的自由作为人为状态的成果,只有它使人真正成为自己的主人,因为单有欲念的冲动是不自由的表现,服从于自己为自己所制定的法律才是自由"。①

对卢梭来说,文明国家是道德自由的体现。它不是单纯的放弃,而是自由的实现。卢梭所谓的自由是指对一种法律和意志的承认,这种法律和意志可能与一个人的日常自我不一致,

---

① i. 8; Bosanquet's *Phil. Theory of the State*, pp. 97—98. (中译文参见卢梭:《社会契约论》,杨国政译,上海译文出版社,2018年,第18—19页。——译者)

但它是更真实、更完整的自我。积极的自由是更高级自我或普遍意志的行使,主权将体现在其行使中。普遍意志并不是个体意志的简单总和——尽管卢梭有时说得好像是这样似的——而是所有人的意志,只要目标是共同利益;法律是其表达方式,但仅在它符合标准时这样。因此,主权必须与权力区分开来,因为权力可以转让,但主权不能。普遍意志的行使永远不能被剥夺,否则就意味着它不是共同体所有意志的共识表达。主权因此既不可被剥夺,也不可被分割。它仅存在于立法行为中,并意味着整个人民作为一个整体就整个人民的问题作出决策。只有普遍意志能够制定法律,而法律是个体真实意志的载体。尽管普遍意志总是正确的,但这并不意味着人民的决议总是正确的;因为虽然人们总是追求自己的利益,但并不总是能够明辨他们的利益所在。①

政府与主权永远不同,政府不立法,而是执行主权的立法。由于执法和维护公民的民事和政治自由的官员可能是整个人民、少数人或单个人,因此一个国家可以是民主制、贵族制或君主制。这些政府形式的区别不在于主权的分布——因为主权必须归属于整个人民——而在于不同的政府所在。政府是一种公共力量,通过它,普遍意志对公民或其他国家产生影响。卢梭认为,最好的政府形式是民主制,尽管他指出所有人的意志未必与普遍意志一致。在其他两种形式中,政府的力量确实比在民主国家更大,但在任何情况下,只要有主权意志存在,政府就必须表达它。

---

① ii. 2, 3.

由于主权是不可让与的，所以主权和政府之间不可能存在契约。"国家只有一种契约，这就是结合的契约，有了这一契约，就排除了其他任何契约。我们不能想象有哪一种公共契约不是对于结合的契约的违背。"① 即使政府被委托给一个世袭机构，无论是君主制还是贵族制，都只是一种暂时性安排，由主权制定并有可能被主权撤销，而这些管理者则是统治者的代表。为了确保主权不会被搁置，必须行使主权，而主权只能在全体人民的集会中行使。这些集会有权修改和废除以前通过的所有法律。在卢梭看来，英国人只有在进行议会选举时才是自由的。

很明显，对于普遍意志和所有人的意志之间的混淆（尽管卢梭自己明确区分了这两者）致使他认为，普遍意志只能在整个人民的集会中行使。如果如他所说，普遍意志可能与所有人的意志大相径庭，那必须通过整个集体的集会来表达普遍意志显然并不是根本要求，根本的是要表达它。卢梭承认，普遍意志可能被个别利益所压倒，在人民代表集会的选票中无法表达。然而，对开明的潜在缺乏显然并不妨碍其决策符合普遍利益，这是对普遍意志的绝对性与其实际表达的相对性之间的明显混淆。

卢梭国家理论的主要缺陷在于，他假定普遍意志只能在整个人民的全体集会中行使，这在任何大型国家中都是不可能的。这种观点显然是将普遍意志和所有人的意志混淆的结果。他的学说并不要求整个人民在他们的集会中确定每一项法律，而只要求不管确定的方法如何，都应该表达普遍意志。对于整体的

---

① iii.16.（中译文参见卢梭：《社会契约论》，杨国政译，上海译文出版社，2018年，第100—101页。——译者）

利益来说，其并不是每个普通市民在日常思维中都能明显认识到的；他的真正意志必须向他展示，为了这个目的，代议制政府形式可能会被证明比任何形式的全民公投更为成功。根据卢梭的观点，大型国家是不可能的。可以想象，人民可能对公共利益需要什么没有清晰的概念，实际上在他们的判断中，其可能是由他们的个人利益来决定的。毫无疑问，一个人不会失去追求使自己变得最优秀的愿望，尽管他的判断可能会被个人利益所影响而偏离正道。卢梭学说中的永恒部分在于，人始终在追求他认为的他自身的利益。如果一个智慧生物的这种无法根除的冲动消失了，就不会有普遍意志，政治社会的整个基础也将无法存在。如果每个人都对自己真正的利益有明智的理解，那么他在任何时刻都会寻求共同的利益，在这种情况下，所有人的意志都将与普遍意志相同；但即使如此，正当性也不在于所有人的投票，而在于所有人的判断与理性的一致。如果每个人都是被他自己作为个人的后果决定的，那么所有人的一致协议只是卢梭所说的个别意志的总和。例如，德国人民一致认为征服世界是德国的使命，并不意味着他们的意志与人类的利益一致。我们不能假定所有人的一致与所有人的利益相同。即使这个目标实际上实现了，其是否能够弥补摧毁其他国家自由的代价呢？难道我们不应该失去因每个国家集中精力在特定任务上所带来的无法估量的好处吗？如果是这样，显然所有公民的一致不是一个国家真正意志的实现，更不用说国际社会的了。普遍意志的基础不是公民的同意，即使他们是一致的——这在实际中几乎永远不会发生——而是他们行为的理性。如果两个国家的公民持相反观点，甚至为支持这些观点而发生战争，并不意味着两者都是正确的。然而，仅仅基于一致的意见，一个人的观点和另一个人的观点一样有力。这种明显的矛盾没有办法调和。

的确，全体公民的意志应该是国家行动的基础，但原因不在于绝对的一致是实现普遍意志的唯一条件，而在于全体人民的政治教育对于成为最优秀的公民而言是必不可少的。这是我们合理谴责所有专制政府的理由。即使承认专制统治者的行动总体上有益于人民，但是专制仍然侵犯了每个公民的基本权利和特性，因为每个公民本质上都是理性和社会性的存在者。无论出于多么良好的意图，即使某物本身是善的，如果它只是由上方强制施加，就仍不是自己的意志，而是强制，一个自由的存在者不会同意被强迫行动。在代议制政府中，更有可能实现社会的意志，前提是代表是由全体人民选举产生的——否则，不同的利益肯定会影响他们的判断；因为它不仅代表了所有利益，且更有可能在代表团体中看到明智立法所需的专门训练，而在整个公民群体的未经专业指导的意志中则看不到这些。现代国家的复杂组织使其成为发现和实现共同意志的手段，比个体的瞬时意志的任何集合都要好。卢梭将表达共同意志的机制缩减为整个公民群体的孤立和未受协助的判断，实际上，这种做法可能会导致与他所声称的目标完全相反的结果。

我们还必须记住，立法者的工作是一个持续的过程。人民通过他们社会生活的各个机构获得的不断增长的经验和洞察力，使立法成为自我批评和自我纠正的过程。一个共同体的习惯和制度反映了组成这个社会的个体成员的私人意志。因此,一个共同体的真正意志不能与私人意志或其总和等同,除非它表达了它们真正追求的东西。当然,对于真实意志的解释永远不是最终的,但每一次进步都是朝着更好的解释迈出的一步,就像科学不断从一项发现过渡到另一项一样,尽管它永远无法达到绝对的完满。

卢梭揭示出的原则,尽管表达得有些含糊不清——国家的目的是实现普遍意志的原则,被康德作为其法学理论的基础。道德要求每个人都应被视为自身的目的,而法学的问题在于确保每个人行使自己自由的方式与所有其他人行使自由的方式相一致。因此,自由主体必须自我强加限制,以此来尊重他所应遵守的界限;如果他对他人主张某种权利,就必须承认其他人对他自己也有同样的权利。人与人之间的冲突,只有通过每个人都按照可以一般化的规则行动才能避免。一个人在自己身上主张的东西,必须在他人身上予以承认,与这样一个原则相抵触的行为违背了自由,因此可能会受到限制。因此,存在一种与自由和谐一致的强制。"如果自由的某种应用本身就是根据普遍法则的自由的一个障碍(亦即不正当的),那么,与这种障碍相对立的强制,作为对一个自由障碍的障碍,就与根据普遍法则的自由相一致,亦即是正当的。"①

在法学中,我们不考虑行为的动机。因此,我的权利只能延伸到可以迫使他人尊重它的范围。法律权利完全是外部的,

---

① vii. 28; Caird's *Kant*, ii. 321. (中译文参见康德:《康德著作集》第 6 卷,李秋零译,中国人民大学出版社,2007 年,第 239 页。——译者)

它不能依赖于道德义务的自觉,而必须建立在外部强制之上。例如,一个债权人不能让债务人觉得还债是出于理性的要求;他所能做的只是基于还债与每个人的自由一致,因此与他自己的自由一致这一理由对他施加强制。因此,拥有合法权利和使用强制手段是相互关联的。

只有一个原始的或固有的权利,那就是自由的权利,而每一个后来获得的权利都是基于这一权利。自由,或者说不受他人强制意志支配的独立,是每个人因其人类本质而拥有的。这种自由意味着平等,因为一个人不能被他人束缚得比他可以束缚他人的更多。那么,自由如何在外部世界实现呢?我们必须从这样一个原则出发,即对他人自由的唯一限制在于自己所拥有的自由权利。权利不属于物,仅属于个人。此外,权利总是一人对其他人的权利。最后,人与人的关系是相互的。不能权利仅存在于一方而责任存在于另一方——奴隶制违反了这一原则。在实际的自然状态中,没有任何权利会受到尊重,因为权利意味着相互强制,这只有在一种代表所有人的权力下才能执行。由于理性主体是不可侵犯的,这种不可侵犯性也适用于他将意志付诸的对象。因此,自由导致了财产的产生。"我与它如此结合在一起,以至于一个他人未经我的许可而使用它就会伤害我。"① 这意味着财产权与个人自由紧密相关,它保障了个人对其财产的控制权和使用权。因此,干涉属于我的外部物品与我天生的自由相矛盾。与某物相关的意义或联系并不仅仅依赖

---

① vii.43; Caird, ii.325. (中译文参见康德:《康德著作全集》第6卷,李秋零译,中国人民大学出版社,2007年,第252页。——译者)

于是否实际拥有此物,而更多地涉及一种概念上的占有。我的个人意志表现在外部对象中,只有通过这种方式,才能排除所有人对该物的权利。外部世界应被看作整个人类的共同财产,但这种理想的财产共同体只能通过个人的排他性占有来实现。先占权可以被视为在所有后来的人面前建立了一个专有权。物权(jus in rem)因此是人在物中的权利,是为了防止个人的意志相互冲突的必要存在。与之相对,个人权利是一个人对最初由他人占有的物或他人可以为我们提供的某种服务的权利。这涉及一个隐含的契约,其中发生了从一方到另一方的转移。确立的权利是针对特定人的。在涉及服务的情况下,它必须在范围和性质上明确定义,否则就会跟奴隶制一样。最后,"真实的人格权"(jus realiter personale),指的是对一个人的权利,就好像他是一件物品一样。在婚姻中,每个人都获得了对另一个人的权利,以便个人的人格得到保护,这排除了一夫多妻制。在父母和子女的关系中,个人的独立性也被取消。

为了确保个人能够享有他们的权利,必须存在政治权力。我必须确信,如果我尊重另一个人的财产,他也将同样不会侵犯我的财产。不需要特殊的法律行为来保证这种相互的法律义务,因为这种义务的普遍性是被承认的。只有通过"拥有绝对权力的集体普遍意志"的授权,也就是在文明国家中,才能与自由一致地行使。强制权力的行使是为了抵消从无政府状态中可能产生的潜在暴力。因此,国家是由一个最初的契约构成的,签订的契约条款是所有成员放弃自由以作为一个共和国成员重新夺回他们的自由。通过这个契约,一个人不会牺牲任何自由,因为契约是他自己意志的表达。因此，国家一方面使个体摆脱了自身的束缚，同时又保护个体免受他人的奴役。它利用其权力作为"自由障碍的障碍"，但不应该试图做得更多。

如果我们将国家称为一个契约，我们就必须补充说，这是一份人们有责任订立的契约，一旦订立，就永远不能破坏。"最高权力的起源，对于处于它之下的人民来说，在实践意图上是无法探究的，也就是说，臣民不应当为这种起源而劳神玄想，把它当做一种就对它应有的服从而言还值得怀疑的法权(有争议的法权[jus controversum])。因为既然为了有法权效力地对最高国家权力作判断，人民就必须被视为已经在一个普遍立法的意志之下联合起来，所以，人民就只能也只可以按照当下的国家元首所希望的那样作判断。——无论在起源上是一个臣服于他的现实契约(公民服从的契约)作为一个事实已经先行，还是权力先行而法律只是随后出现，或者也应当在这种秩序中跟进，这对现在已然处在公民法律之下的人民而言，是完全没有目的的、却使国家濒临危险的玄想；因为现在对后一种起源绞尽脑汁的臣民，如果要反抗目前占统治地位的权威，那么，他就会按照权威的法则，亦即有充分的理由被惩罚、被消灭，或者(作为被剥夺公民权的，法权之外的)被逐出。——一项法律，它是如此神圣的(不可侵犯的)，以至于在实践上哪怕只是对它产生怀疑，因而有一刻中止了它的效果，就已经是一种犯罪了，这种法律就被这样来表现，就好像它不是来自人，但却必须是来自某个最高的、无可指摘的立法者似的，而这就是'一切权力来自上帝'这个命题的涵义，这个命题表达的不是公民宪政的一个历史根据，而是一个作为实践理性原则的理念：应当服从目前现存的立法权，而不管其来源究竟是什么。"① 人民不能合法地反抗国家。

康德认为，国家的真正形式是共和制，而主权权力的职责是使国家的关系与这一理想相一致。在理想的国家中，最高立法权应该由人民代表行使。因此，公民受制于他们自己制定的法律。从这个观点来看，只有所有人的意志才能构成所有人都必须服从的普遍意志。人民不应该亲自参与立法权力，而只能选举代表来代表他们。尽管独裁和贵族制是有缺陷的，但仍然有可能维护代议制的精神，至少是腓特烈大帝表达的精神，他曾说过："我只是国家的最高仆人。"

康德意识到，实际上并没有真正签订形成国家的社会契约。他告诉我们，"社会契约"只是"理性的观念，但实际上具有不容置疑的现实性，因为它约束着每位立法者使其不得制定任何法律，除非这些法律可能起源于整个人民的统一意志，并且因为它把每位公民，只要他自称是公民，都视为已经对这样的意志表示过个人同意。因为这是国家法律的公正标准。如果有一项法律的性质是整个人民不可能同意的，比如某一类公民应该通过继承获得国家的最高权力这种法律，那么这就不是一项公正的法律。然而，如果整个人民有可能会同意这项法律，那么就应该将其视为公正的，即使在当前时刻，人民可能处于一种状态或情绪中，如果他们被问及，他们可能不会同意"②。

言论自由是公民不可侵犯的权利，君主有责任制定维护正

---

① vii. 136; Caird, ii. 334.（中译文参见康德：《康德著作全集》第6卷，李秋零译，中国人民大学出版社，2007年，第329—330页。——译者）

② vi. 329; Caird, ii. 339.

义所需的每一项法律,而不需要的法律则不应制定。公民有权按照自己的方式追求幸福,如果统治者试图按照自己的判断使其臣民幸福,那就是专制。所有其他的政体都在它们为共和国的建立铺平了道路这一事实中找到了最终的正当理由。"较低形式的国家只是原始立法的字面表达,因此只要经过了传统和长期的习惯,它们被认为对宪法的机构而言是必要的,就可以继续存在。然而,原始契约的精神包含了构建权力将其统治方式适应国家理念的义务;或者,如果不能一次性完成,就要进行渐进的和持续的变革,直到实际上政府与唯一的正当宪法,即共和国宪法一致;并且直到所有只为确保人民屈从而存在的经验主义被合理的形式取代,合理的形式才使自由成为所有强制的原则和条件。这样,形式最终将适应精神。"①

正如我们所看到的,卢梭在他的观点中表达了一个最初假设,即个体具有普遍的本质,这一假设导致他认为整个人民必须同意建立国家的契约。的确,他区分了普遍意志和所有人的意志,但他从未摆脱最初的假设,即社会是通过任意的行为构成的。正因为这个站不住脚的立场,他认为整个人民的同意对于有效立法而言是必要的。康德接受了这一点,宣称"只有每个人的一致和联合意志,即每个人对所有人和所有人对每个人的决定都是相同的,才能成为立法"②。这似乎意味着契约必须代代相传;或者如果不这样,原始契约必须永久存在——这个结论将剥夺后代所有同意或不同意的可能性。我们只能通过完

---

① vii. 158; Caird, ii. 341.
② vi. 132.

全否认契约的假设，或将其解释为表达这样一个事实的短语：人们尊重国家法律的义务是基于他的社会本性，而对这一社会本性的承认构成了对它顺从的合理依据。如果社会生活对于实现人的真正本性至关重要，在个体意志同意的基础上构成社会就是不合理的。

尽管违反了社会契约的原则，但康德坚持认为强制人们加入社会并遵守其法律是正确的。因此，普遍意志是个体应当遵循的理性法则。社会权力可以惩罚任何拒绝遵守国家法律的行为，因为这些法律是构成每个理性存在者的本质的普遍理性的表达。这实际上意味着人本质上是社会性的。人只有通过社会才能实现自己。较低层次对较高层次人性的服从必然意味着其对社会法律的服从。只有在社会中，人们才拥有权利，权利之所以被证明是因为它们是道德生活的必要条件。道德并不是个体本性的意志，而是社会本性的意志。如果我们将道德与社会分离，并假设它是一种个人以自身为目的的法则，那我们就不可能超越抽象规则，因为为了义务本身而履行义务，这样的法则不提供任何特定义务的保证。道德本质上是社会性的，国家的制度只有在作为发展这种社会道德的必要条件时才能被证明是合理的。当然，国家不能直接强制道德，因为社会中人的义务意味着社会道德法的存在；但国家可以提供道德实现的外部条件，事实上这也是它唯一的职能。

将国家仅仅视为契约的结果的最初错误进一步体现在康德试图将家庭和国家与自愿协会等同的尝试中。在他对"真实的人格权"的看法中，他谈到了将他人视为物的权利。这违反了他自己的原则,即具有意志的存在者不能被视为没有意志的物。康德认为,在婚姻关系中,不应该只有丈夫对妻子有权利,妻子对丈夫也应该有权利,他试图通过指出这一点来摆脱这一困境。通过这种方式,他掩盖了社会整体作为人的真正本性的体现这一思想的过渡。丈夫和妻子不是根据某种特定目标的契约而放弃了他们的意志,就像普通契约一样,他们承认彼此本质上的互补性,这对于双方获得更高水平的生活来说是必要的。这不是一个通过相互让步获得特定好处的交易,而是一种实现每个人的本质属性的方法。这意味着在家庭中,个体在不放弃自由或屈从其真正意志的情况下,实现了一种比每个人只追求实现自己独立个性更高形式的统一。在这里,个体是实现社会目标的手段,而不是自己独立个性的终极目标。这在父母和子女的关系中是非常明显的,每个人在没有明确意志的情况下,都是对方的手段和目的。

同样,把人本身作为目的的个人主义的分离导致了社会契约的概念,这种分离在国家中被超越了。根据社会契约论,所有人的意志是普遍意志的基础。但事实上,这种关系并不是一种契约关系,而是一种无法分割的关系,与任何契约无关。可以这样来表达,这是理性个体构成的社群之间的关系,它们之间不是外部束缚的关系,而是有机地相互联结着。除非承认人只有在作为社会个体的情况下才是自身的目的,否则我们就必须回到国家的基础是暴力的观念。

个人只有通过意识到其他意识才能意识到他自身。只有在意识到自身与他人的统一性时,他才能将自己与其他自我对立起来。将个人视为自己法律和目的的概念并不是最终的，尽管它具有相对的合理性。将个体视为拥有互相排斥的权利是很方便的，但最终这些权利的存在是建立在共同福祉的基础之上的，没有其他理由可以为这些权利提供辩护。认为个人权利必须由国家强制执行，以解救人们脱离即时冲动的暴政，这种观点只是将一种错误形式替换为另一种错误形式。在强制执行权利时，并不存在真正的强制，因为这些权利是理性社会本性所要求的。

因此，法律是道德生活的条件，尽管它不是直接促进道德的手段，但它通过确保没有人干涉他人的自由，间接地促进了道德发展。它确实只涉及外部行为，而不涉及行为动机。如果我干涉了别人的财产，不管我的动机是什么，国家都会惩罚我。只要我尊重他人的财产，国家就不会问我这么做是因为我恐惧眼前的牢狱之灾，还是因为我认为这种行为违反了道德责任；法律所涉及的只是我的外在行为。另外，道德要求我应该出于对道德法则的尊重行动，因为这一原则告诉我，尊重他人的财产是我作为道德主体的责任。但是不可能将道德义务的基础与个体权利分开。因为只有参考社会利益，个体权利才能获得正当的理由。毫无疑问，每个个体都意识到自己与其他个体是互相排斥的。基于这一点，曾有人争论说社会由许多互相排斥的个体组成，不存在真正的社会自我意识。当然，并不存在独立于个体的自我意识的社会意识，这样说就是将社会的抽象概念实体化，陷入了中世纪的唯实论谬误。但这并不意味着，共同的自我意识不以思想的形式存在于个体之中。就像没有普遍的"动物"或普遍的"人"，却存在着普遍的动物或人的特征或类型，没有这些特征或类型，个体动物或人就无法被想象，社会原则存在于个体中，没有它，个体将不再是他们自己，也不再具备理性。如果我们假设个体完全与他人隔离，显然他们永远不会区分自己和他人，因此也就不会认为自己与他人有任何关系。然而，意识到自己与他人的不同，意味着意识到一种使意识到自己与他人的差异成为可能的统一。没有共同之处的个体，彼此之间也不可能有任何关系。同一性(identity)是差异的前提。因此，个体的自我意识超越了自己与他人的差异。个体必须能够超越他对自身的意识，以便将自己视为拥有与其他自我意识相同的基本本质。正是凭借这种力量，他将自己与他人区分开来，同时认识到这种区分并不是绝对的。自我意识的这种基本特征构成了社会意识。诚然，社会没有自己的自我意识，无法与个体的自我意识分开；但社会以每个个体的形式存在，来理解他与所有其他个体的同一性以及与他们的差别。一个人对自己的感知和意识无法脱离对他人的感知和意识而存在。的确，如果我们自己没有自我意识，我们就无法了解他人的内在自我意识。但我们不是从对他们身体活动的感知中推断出他们内在的自我意识的，我们以相同的方式解释对他们身体和灵魂的感知，唯一的区别在于，我们对他们内在生活的认识是通过更复杂的解释过程获得的，这个过程比解释他们身体行为所涉及的过程更加复杂。我们可以通过抽象的行为将感觉与对象的意识分开；但只有当我们将感觉看作指向一个对象的东西，从而将自己作为主体与客体进行对比时，才会意识到自我。在自我意识中，我们回到了主体和对象的先验基础，只有通过意识到一个对象，我们才会意识到自我。因此，正是在将他人的意识作为对象的意识中，我们才会意识到自身。于是，在首次意识到自己是个体时，我们就预设了一个社会生活的共同体。毫无疑问，这种自我意识首先似乎更像是对自己与他人之对立的意识；但正如前面所说，这种对立是相对于自我与他人自我的本质同一性的意识而言的。我们很容易会认为自己受到他人的限制，需要对抗他们以维护自己的独立性，却没有看到只有通过承认他人也有和我们自己一样成为自我的正当要求时，我们才能真正获得独立。

霍布斯错误地解读了自我与其他自我之间的真正关系，他认为按照本性，人是绝对不合群的，因为他完全沉浸在满足自己的即时冲动中。从这个角度来看，法律和道德只是表达个体利己主义的手段。存在一种无限追求利益和荣誉的欲望，在一个有限的世界里只能导致"所有人反对所有人的战争"（bellum omnium in omnes）。当个体首次从客观世界回归到自我意识时，个体强调了自身的独立性，并拒绝承认其他自我对其的要求。欲望的自我往往追求完全满足，却忽视了只有通过与其他人协作和共享，自我才能真正获得满足。

另外，康德否认个体与其他个体之间的关系是绝对消极的。一个人自愿地限制自身，承认他人的正当要求，因此他只要求他人也应该承认他们必须以相应的程度限制自身。因此，在他看来，相互的自我限制维护了每个人的独立性，并确保了每个人的自由。在个体的内心世界中，每个人都有自主决策的能力和权利，但在与他人的外部互动和社会生活中，个体会相对地受到一定的限制，前提是他人也愿意在相似的条件下限制自己。在内心世界，每个人都独自与自身在一起，不可能发生冲突；但在外部世界，冲突则是不可避免的，只有通过建立一个武装力量的权力来保护个体免受彼此侵害，冲突才能缓解。

这一观点的缺陷在于，它假定了不同的自我意识之间存在根本差异。自我意识被认为不是一种统一的能力，而是一种分离的能力，因此只有自愿放弃才能使世界有序。事实上，国家不是原始对立的自我放弃的结果，而是对这种对立是单方面和抽象的承认。国家既不是一种专制制度，迫使个体服从其命令，也不是个体的任意协约，通过对他人做出让步来保护他们的个人权利；国家是对自我意识和他人自我意识本质上不可分割的本质的认知和实现。它所表达的普遍意志是个体意志的本质性质。换句话说，对权利的承认是社会道德原则的一种较低形式。社会存在的目的是实现道德生活，并通过这个标准来判断它。它永远不能直接实现自己的目标，因为它只有在外部世界中才能起作用，但它可以建立使道德的更高生活可能实现的条件。道德不能与国家法律等同，就好像没有更高的法一样。这是古代爱国主义的缺陷，它没有区分人作为人的职责和人作为公民的职责。然而，社会的法律和习惯是道德的更高法律基础。从这个基本层面出发，人回归到了自己，并获得了更高层次的理解。社会的法律是基于理性的，并从理性中获取权威；但理性不能满足于对自身的初步表达，因此产生了超越国家法律的精神法则，而这种法则基于人类的理念。

法律和道德之间没有绝对的分离。我们区分了二者的领域，但它们都基于单一原则的统一性。在所谓的私人权利领域，权利和义务都是个体相互限制的结果，而在这些限制内，个体拥有独立的生活。但在家庭和国家领域中，个体是社会原则的器官，这一原则明确地被认为超越了个体意志，不是因为它在本质上与个体意志相反，而是因为它更充分地表达了个体意志。法官的权利是执行法律，这是其职责，公民的职责是为国家服务，而国家的职能则是保护他的权利使其免受一切侵害，并为个体的更高生活提供必要条件。只要国家没有完成这个任务，个体就有权对其行为提出抗议，并使用一切宪法手段使其达到更高的标准。如果其代表的行为违反了国家的理念，公民有权反对他们的行为，就像他有权尽最大努力使国家更加符合其理念一样。但在社会发展到一种更高级别的组织形式之前，国家是最终的上诉法院，其他所有组织形式都受国家权威的约束。这并不妨碍下级团体的合法运作，只要它们不与国家的基础相矛盾；这与对主权权力本身的不忠是不兼容的，后者表达了共同体的普遍意志。每个下级组织都代表着一种普遍意志，只是在程度上有所不同，也不同于国家所体现的普遍意志，可以合理地认为，这种团体的形成是共同体更完善的条件。不过，虽然这种具体规定与事物的本性相符，但我们不能忘记它不应与国家作为守护者和表达者的统一性相对立。下级组织之间很可能会发生冲突，国家的职责是协调这些冲突；正如国家在内部各个群体之间是最高仲裁者一样，它在与其他国家的关系中也是至高无上的。一个国家必须是自治的，否则它就不再是一个国家，至少在被外部干扰时是如此。这并不意味着它不能接受外国的建议,但确实意味着它不能因外部压力的胁迫而接受这些建议。自由或自治并不意味着一个国家必须只考虑自己的私利,即与其他国家的利益不相容的利益。自治不会妨碍对人类整体最广泛概念的构想,除非我们认为,对人类最有益的事物必然与某个特定国家的利益相抵触;但这种对更广泛利益的承认必须由每个国家自由作出,而不是通过武力强加。宣称拥有超越所有其他国家权利的专制国家是一个矛盾的观念。这种观念不仅与国际社会不相容,因为每个国家都必须是自治的才能成为一个国家,而且与其自身的利益也不一致。国家不会也不能决定其自己人民的整个精神生活,更不用说其他国家的人民了;它的职能是确保共同体获得那些在没有这些权利的情况下无法实现最佳生活的权利。国家的责任是消除促进最佳生活的所有障碍,但它无须告诉公民他们如何最好地推动这种最佳生活。个人在国家事务中的自由参与对其权利的保障至关重要。国家不能规定一个人的所有职责,因为这样做将阻止其充分发展自己。因此,可以说国家在两个方面受到限制:它不能将其他国家视为从属,也不能决定公民的整个生活。然而,在自己的领域内,每个国家都是至高无上的,其对象既是自己的公民,也包括其他国家。国家在多大程度上可以说受到个体所受的普通道德规则的约束,后续将进一步考虑。

在黑格尔的哲学史中,有一段文字具有重要意义,表明了他与康德和费希特的区别。他说:"康德开始将权利建立在自由之上,费希特在他的自然权利中也以自由为原则;但正如在卢梭那里一样,这是特定个体的自由。这是一个伟大的开端,但

第六章　民族国家(续)：卢梭、康德和黑格尔

为了获得特定的结果，他们不得不接受预设。对他们来说，普遍性不是精神，不是整体的实质，而是针对个体的外在机械的否定力量……个体之间始终保持着僵硬和否定的关系，监狱、枷锁变得越来越压抑，而不是将国家视为自由的实现。"①

　　黑格尔和康德都从卢梭关于道德自由的概念出发，将其视为人类特有的和独特的品质。黑格尔认为，康德对自由的理解的缺陷在于，他将道德与个人权利对立了起来，导致对前者持纯主观的观点，对后者持否定和抽象的观点。当道德被理解为仅仅是为了义务而履行义务时，它在逻辑上就无法在外部实现，并且永远无法超越完全空洞和抽象的法则去履行自己的义务。黑格尔认为，这个根本性的缺陷源于理性与欲望的分离。因为当自然冲动被看作缺乏理性时，就不可能将它们精神化，意志就会变得空洞无物。同样地，康德将个体孤立起来，宣称个体是自己的终极目标，这导致了将权利看作个体相互分离时所具有的概念，并将国家看作一个外部力量，其功能是防止个体干涉彼此的权利。因此，一方面，自由被看作是纯粹主观的，存在于意图和良心的内在世界，如果不放弃其自主性，就无法找到出口；另一方面，权利只能被视为国家外部强加的手段，通过这一手段，孤立的个体才能在与他人的关系中保持隔绝和独立。道德规则是绝对普遍的，不容许任何可能的例外，而权利同样不容侵犯。黑格尔试图消除道德和法则之间的这种对立，试图表明真正的自由是将内在理性要求在外部世界实现的过程，这种实现的条件是通过社会和国家来达成的。内在自由只有通

---

① *Gesch. d. Phil.* iii. 576, quoted in Bosanquet's *Phil. Theory of the State*, p. 247.

过一系列外部表现,如在法律、道德规则和整个制度体系以及对正义的推动中,才能变得真实。这就是社会伦理(Sittlichkeit)的体系,在这个体系中,道德的内在性与法则的纯粹外部性得以调和。国家不再被看作是分离的个体不干涉彼此权利的纯粹工具,而被看作理性意志的最高表现,这是一种旨在实现整体的普遍利益的意志。它不建立在任何契约之上,而是自由自我的具体体现。这并不意味着没有比国家更高的存在,但它确实意味着没有一个有组织的共同体能够对国家施加限制。道德、宗教和哲学超越了国家的有机体,国家的体系包括了家庭、公民共同体以及所有使人在社会中实现最高利益的制度。因此,在黑格尔看来,国家是所有其他社会职能的统一体,它的特殊任务是协调这些职能之间的关系。国家有权这样做,因为它只是通过法律表达了市民心中的情感和观念的重担。诚然,国家可能会批准通过并非每个公民都认为合理的法律,但只要这些法律确实表达了一般思想的本质,其立法就不会被反对。如果有人反对这种观点,认为这会使国家不会有错误,黑格尔回答说,他并不认为现存的任何国家是绝对正确的,且这个观点与事实相矛盾,因为国家在不断地从低级向高级发展;他所要表达的是,国家作为一个整体,是维护一个特定人民体现其理想目标的条件的保护者。黑格尔说:"对每个国家,人们都可以根据他们所拥有的原则,说明它是个坏东西,在它身上人们都可以找到这种或那种缺陷,但是国家,尤其现代发达的国家,总是在自身中含有它实存的本质要素的。但是,由于找岔子要比把握肯定的东西来得容易,所以人们容易陷入错误,只注意国家的个别方面，而忘掉国家本身的内在有机体。国家不是艺术品；它立在世上，从而立足在任性、偶然和错误的领域中，恶劣的行径可以在许多方面破损国家的形相。但是最丑恶的人，如罪犯、病人、残废者，总还是一个有生命的人。尽管有缺陷，肯定的东西，即生命，依然绵延着。这个肯定的东西就是这里所谈的东西。"① 简而言之，每个国家都会有法律体系、道德规范和社会习俗，这三个方面可能存在缺陷，但这并不妨碍一个国家是其所是的特征。如果有人提出反对意见，认为这是要将国家与共同体等同起来，黑格尔则会回答说，任何其他观点也都会犯将国家与政府等同起来的错误。的确，国家不会通过立法来决定人们在所有情况下应该如何行动；它的职能是维护社会必须运转的条件。例如，一个现代国家不会允许一夫多妻制或奴隶制，它不会允许在威胁自己生存的条件下与外国人交往；但国家不会为市民的道德行为提供具体规定，除非某些行为被认定为对社会共同利益有害。因此，作为管理社会所有制度运行条件，并调整它们相互之间的关系的监护人，黑格尔会认为，这些制度必须被看作国家或民族的组成部分。当然，可以在共同体和国家之间加以区分，就像麦克维尔（MacIver）教授在他的著作《共同体》（*The Community*）中所做的那样，但我认为这在很大程度上是一个术语的问题。毫无疑问，一个国家的公民可能会与其他国家的公民结成联盟，但除非他们自己的国家允许，否则他们不能这样做。这一点我们将在后面更详细地讨论；目

---

① *Phil. d. Rechts*, p. 313; Bosanquet, p. 250. （中译文参见黑格尔：《法哲学原理》，邓安庆译，人民出版社，2017年，第388页。——译者）

前可以说的是，黑格尔所构想的国家在其最广泛的意义上包括所有其他社会团体。这将古代城邦国家中所包含的思想应用于现代国家。根本区别在于，现代国家的运作要通过公民的实际意识和理性意志，而不是通过习惯和惯例。

意志在外部实现的第一种形式是与财产的关系，物本身没有意志，但通过个体的意志在它们身上得以表达，它们成了生活的工具。这并不是意志自由的完全实现，而是基于抽象人格的观念。因此，每个人对所有他人都是不可侵犯的。唯一有条件的规则是一个消极规则，即禁止侵犯他人的人格，不干涉表达他们意志的对象。因此，所有的权利都是个人的，因为它们依赖于将人视为人的概念，而不是像罗马法那样依赖于特权。财产不能以满足个体需求的必要性为理由进行辩护，而只能以它作为个体首次在外部实现自我存在的形式为依据。因此，在财产中，一个人的人格并没有完全实现，但财产是人格在更高程度上实现自身的基本条件。因此，对财产持共产主义观点是与自由相悖的。而且，身体和灵魂不可分割，奴隶制是对一个人作为人格的权利的侵犯。尽管财产对于人格的实现至关重要，但并不意味着所有个人都应该拥有相同数量的财产，数量必须取决于个体的智力和勤奋程度。

财产是一种排他性占有权，因此我可以用等价物来交换它，从而产生了契约，这是关于外部事物的人们之间的协议。由于在这里行使的意志是任意的，它还不是普遍意志，而只是"共同意志"。关于某物归属哪个人所有可能会发生争议，于是就产生了民事诉讼，其目的是确定各项索赔相互比较的正义性。另

第六章 民族国家（续）：卢梭、康德和黑格尔

外，欺诈是故意违反权利，同时又假装尊重权利的行为，而犯罪则是对在这种特定情况下表达的所有权利的否定。错误不能单凭个别的意志来弥补，而必须由一个无私的权威来废除，该权威会对错误进行惩罚。

财产权不能被视为绝对的，从而在任何情况下被视为神圣的，权利最终只有作为实现整体普遍利益的手段才是合理的。我们必须将财产视为与生命精神相关的东西，而不仅仅是它的字面含义。必须将法律当作一个有生命力的系统的一部分，它最终基于维持特定生活方式的意志。在特定情况下，法律和财产的体系可能崩溃。个体的良知主张自身的道德高于被具体法律所体现的标准，并坚持拥有反对无法接受的事物的权利。在这里，我们看到了内在自我与外部世界之间的冲突——这种冲突在历史上体现为斯多亚学派和某些基督教形式中，尤其在新教中。这种关于善意的抽象概念在康德的学说中体现为"除了纯粹的善意外，没有任何可以被无条件地称为善的东西"。黑格尔反对这一学说，本质上是因为这种抽象中构思出的意志无法与任何明确定义的行为联系，并容易导致"纯粹意图"（pure intention）的诡辩，通过这种诡辩，任何行为都可以被巧妙地辩解。然而，尽管这种善意的概念是片面的，但它却从一个事实中获得了明显的力量，即一个有智慧的人只能默许进入其意志客体的东西。主观意志有自己的主张，但将那种意志解释为在其纯粹主观性中是绝对的观点是错误的。它实际上指向的是主观意志和客观意志的结合，而这种结合在黑格尔所称的"伦理体系"中有所体现。意志在客观制度中实现，并通过个体的自

由同意起作用。

社会伦理是主观与客观的统一。它通过将个体的意志与普遍的理性意志协调一致,纠正了法律的外部性和良知的内在性的片面性。这在实践中导致了个体在其中实现自身自由的道德惯例。这种社会道德表现在一个国家的精神中。人类意识到他的个人利益存在于整体的利益之中,他自由而自发地愿意追求整体的利益。因此,自由的理念被运用到实际世界中,同时这也是其智慧和意志的具体体现。这是一个现实的世界,因为它表现在一个群体的身体习惯和外部行为中。一个国家的规则和传统与"太阳、月亮、山川、河流和自然界的所有物"一样客观。人类生活在这些道德规则中,但通常不能直接意识到它们的影响。它们构成了可以称之为道德世界的本质。然而,这些生活法则是人的理性和自我意识本质的表现。它们构成一个系统,而不仅仅是一个未经具体界定的善的抽象概念。因此,个体通过履行自己在整体中所属位置的特定职责实现自身。通过履行自己岗位的职责,他为共同利益作出了贡献。毫无疑问,他并没有完全意识到他与整体的关系中所蕴含的一切,但他愿意为整体牺牲个人欲望。伦理体系因此是道德世界的灵魂。社会行为不是古代意义上的"美德",不是由特殊的天赋或运气所致;相反,它包括了履行自己的岗位职责,这是任何人都不应该夸耀的。之所以排除夸耀,是因为一个人不应该夸耀实现了他自身的本性所要求的事实。

社会伦理系统以三种形式表达,每种形式都暗示着不同的情感或秉性特征,即家庭、市民社会和国家(狭义上的政治机构)。

在社会有机体中，家庭是最接近自然世界的。在自然基础之上，家庭获得了精神意义，这表现在其成员之间的爱和信任的一致性上。心灵以情感的形式呈现。性别的天然区别同时也代表了智力和道德类型的差异。将两种个性融合在一个人身上对整体的利益至关重要。因此，家庭是社会的一种基本形式，对它的废除将破坏社会生活的具体性。这与真正的国家不同，那里的联系不是过多的情感，而是明确的智力、法律和体系。因此，黑格尔与亚里士多德一样，反对像柏拉图《理想国》中所倡导的将国家与家庭类比的理论。家庭不仅建立在情感之上，也不是单纯的契约，它是为了培养孩子，使他们适应公共责任，而家庭的公共方面则通过公开宣誓接受责任获得正当的认可，这是婚姻的重要组成部分。家庭领导者的平等责任暗示着他们之间的平等关系，只有一夫一妻制的家庭才能够适当地履行其作为社会整体中准备性组织的职能。当一个成年人成熟时，一种新的生活形式便开始了；他或她进入了一个充满利益冲突的世界，在这个世界中需要谋生或管理财产。黑格尔所称的市民社会(Bürgerliche Gesellschaft)应运而生。这是一个追求有限目标和自身利益的系统，在这个系统中，一个人必须找到自己的工作并做好它。

市民社会实际上是由每个个体组成的，他们都在追求自己的目标。因此，它与家庭不同，后者通常有一个共同的目标；它也不同于国家，国家是普遍意志的具体体现。这种个体的自由发展是现代国家与古代国家的区别之一。个体发现，只有尊重他人的幸福和权利，他才能实现自身的利益。在市民社会中，个体有机会发挥各种才能，不同的出身和财富状况也得到了承认。个体有权在各个方面发展自己，但同时也受到整体的权力制约。当个体的自私欲望不受约束时，就会导致社会的瓦解；而换个角度来说，将个体完全吸收到国家中，如柏拉图的《理想国》所建议的，也不会产生最好的国家形式。像柏拉图那样排除私有财产、家庭以及在职业选择方面的所有权利，会破坏社会的力量和灵活性。市民社会不仅仅是满足自然需求的手段，它还是人类掌控自然、将自己的印记加在自然对象上的过程。人与自然的斗争同时也是与自身即时欲望的斗争。一个人必须投身于一种明确的服务，而这是一种伟大的文明训练。这个过程是严格的，但如果我们要拥有真正的自由，它是不可或缺的。事实证明，依赖庞大的需求系统似乎会带来不安全感，但实际上并非如此，而是会产生最大的稳定性。在社会中，精神需求变得占据主导地位，以至于人类创造出自身发展的必需品。

劳动是满足特定需求的手段，因为它要求快速的理解力和智力的培养。通过专注于某种特定形式的活动，人们可以培养在执行特定任务中的特殊技能。同时，人们之间的相互关系增多，还制造了可以替代人力劳动的机械设备。在寻求满足自身需求的过程中，人类为他人的满足做出了贡献，这就创造了财富。每个人在总财富中的份额由个人决定，但市民社会的不同需求要求进行等级的划分。首先是实体性的等级（substantial class），他们从土地的自然产物中获得财富。尽管农业仍保留着家长制生活的一般特征，但在我们这个时代，它已在很大程度上成为一个产业化的过程。产业等级通过体力工人或熟练工人的劳动来制造自然产品,产业等级在城市中产生了对自由和秩序的强烈情感。第三个等级关心社会的普遍利益,他们必须有私人财力或者得到国家的支持。自然特质、出生和环境决定了一个人属于哪个等级。在这方面,现代世界与古代不同。通过承认个体的权利,现代国家激发了思想,并倾向于确保人们因才华而得到晋升。

公民并不像他自认为的那样独立,国家的整体生活在支撑着他。市民社会并不是独立存在的,它只能存在于国家之中。它体现了人性的一个特有而相对狭窄的方面。这首先涉及司法管理。现代国家的法律体系相对合理地规范了个人的权利和关系。通过法律这种形式,权利呈现出普遍性。认为习俗胜于法律是错误的,因为法律被书面记录和集中起来,明确地存在于意识中。在将法律应用于特定案例时产生的冲突,阻止了法律发展为纯粹机械化的过程,因为它们激发了思考,并导致了对现有法律的修订。

从市民社会的利益中产生了国家监管和行业协会。产业社会的普通原则是供求关系,但在某些情况下,这会导致对最佳生活的偶然阻碍,因此国家有权干预来保护一般利益免受这些意外事件的影响。行业协会接近于国家的统一性,因为它试图确定既符合个体利益,又符合整个等级利益的东西。作为所属等级或团体的一员,市民开始认为他的个人利益与同胞的利益密切相关。他学会了尊重那些在行业协会或企业中以工匠精神完成任务的成员,他还得到了不幸事件的保障,并接受了完成特定工作所需的培训。

在真正的国家或政治宪法中,家庭和市民社会找到了它们的完整性和安全性。在这里,伦理理念不再是隐含的,而是明确地出现。只有在将国家与市民社会等同视之时,才会认为国家的唯一功能在于确保和保护财产与个人自由。事实上,个体只有在国家中才能实现真正的本性。因此,将国家视为基于共同意志来追求公民的最大个人利益是错误的。国家基于客观或理性的意志,而不是基于个人意志或外部必要性,比如对抗敌人的防御需求或创造财富。国家不能仅仅因为其实力而获得合法性。唯一真正的强大是道义和公正的强大,它的基础是理性意识自身作为意志的力量。

每个国家都是由其本质特性构成的,独立于所有其他国家。现代国家在保持与自身的统一相一致的前提下,允许个体特质得到最大限度的自由,因此具有巨大的力量和深度。在某种程度上,它会呈现出一种外部必要性,规定了调节家庭和市民社会的法律;但其力量在于其最终目标与个体利益的统一,个体对国家有义务,正如他们拥有权利一样。奴隶没有义务,因为他们没有权利。个体必须在履行自己的责任中找到个人满足感,进而从这种关系中产生一种权利,使他的特殊利益成为共同利益的一部分。

必须有机构来实现个人意志与共同利益的统一。主观上,这是政治心意;客观上,这是国家宪法。政治心意不仅是为整体利益做出特殊牺牲的意愿,而且是将共同利益作为日常行为的动机,从中产生的为国家利益甚至牺牲生命的意愿。维系国家的不是强力,而是公民内心深处的秩序感。

政治国家包括立法权、行政权和君王权。在君主立宪国家中，实现了古代所区分的君主制、贵族制和民主制的统一。关键是要承认自由主观性的原则。制定宪法是不可能的，因为它必须自由地源于人民的性格。每个国家都有适合自己的宪法。拿破仑曾经提供给西班牙人一份比他们的早期宪法更好的宪法，但被拒绝了，因为人民还没有准备好接受它。

国家是一个有着唯一生命的有机体，国家内部的等级、权力和组织必须服从于自身，遵循其目标是实现共同利益的原则。此外，国家的各个特定机构和机关是整体的代表。控制这些机构的个体必须具备适合其特定职责的自然能力，并接受专门的训练。通过协调各个机构，使它们都专注于共同利益，所产生的统一性是国家主权的基础。这种主权并非来自强力，而是来自理性的意志。支持主权即强力的观念的事实是，国家调节了私人生活、家庭和经济世界的关系。国家可以介入来消除共同利益的障碍，尽管现代国家与古代国家有所不同的特点在于，它允许家庭情感和个人利益在与共同利益一致的前提下得到最大限度的发挥。然而，从根本上说，国家是以不太明确的形式存在于这些事物中的内在原则，是人民真正意愿的具体体现。职责分工对于整体的合理组织而言是必要的。主权不属于任何一个要素，而是在宪法的每个要素的和谐运作中产生。在和平时期，各个特定领域不受干预；但在困难时期，无论是因为内部原因还是外部原因，国家必须行使其固有的主权权力，即使这意味着需要牺牲在其他时期拥有的完全的行动自由。

黑格尔认为，国家的个性必须体现在一个人身上，那就是君主。国家的核心本质必须,可以这么说,集中在一点上。君主表达了实现共同体智慧所必须的"我要"。世袭君主制有助于避免国家受到特定政治派别的影响。我们不能简单地把人民的主权与君主的主权对立起来。除了代表整体结构的君主之外,我们只剩下一个无组织的群体,它不构成一个国家,也没有任何能区分国家有机体的特征,比如主权、政府、法院、官员、等级等。国家需要表达的不是个别意志的简单协议,而是整体人民的理性意志。当说君主通过他的"我要"将这种理性意志变为现实时,并不意味着他可以为所欲为;他必须咨询智囊,而且一旦确立宪法,他常常只需签字就可以了。"他说一句'是的'而在'I'上御笔一点。"* 但这个看似形式上的举动实际上对于自由个性发展非常重要。

必须有一个行政机构来执行君主的决策,并执行现行法律和法规。行政机构包括司法和警察。市民社会的私人利益受到其成员信任的各种团体、协会、行业和职业的约束,但他们的权威建立在国家更高利益的基础上,并且必须经国家批准。因此,这些团体的精神被普遍化。

在委员会的任命中,隐含了分工的原则。这些委员会被划分为上下两级。委员会的成员是根据其是否适合任命判断的,因此任何公民都可以被选举为委员。他们不能有私人目的,而必须将自己的利益放在履行公共职责上。为了防止机构滥用权力,国家采取了两种措施:一是机构要对其行为负责任;二是

---

* 中译文参见黑格尔:《法哲学原理》,邓安庆译,人民出版社,2017 年,第 427 页。——译者

由团体提供监督,这种监督是对来自上级的控制的一种补充。

立法权处理法律本身和内部事务。其权力基础是宪法,它随着文明进步而发展。在整个立法权中,存在两个要素,君主权和行政权。前者拥有最终决定权,后者拥有明确的知识储备和对整体的监督。当有人们认为人民最了解什么对自己有益时,必须回答说,人民常常不知道他们真正的意愿是什么。这种知识是洞察力和教育的成果。最高国家官员对国家需求有比普通大众更深入、更全面的了解。政府和人民之间存在着各个等级,它们起着中介作用。在专制国家中,君主和人民之间没有任何屏障,人民只是一个干扰因素,而通过各级代表的介入,他们可以以合法和有序的方式维护自己的利益。代议制通常代表的是特定团体或利益群体,而不是整体的个人群体,在这种制度下,各种团体组织或行业协会因其与政府不同部门的联系,在社会中扮演着重要的角色。

各级代表大会中的公开讨论是普及国家总体利益知识的重要手段。正是这种方式形成了所谓的"公众舆论"。我们可以确信,公众舆论最终将支持所有合理的观点。并不是每个人都知道国家的利益是什么,只需要去下议院发表意见就可以了。通过公开讨论,"一个精明的想法摧毁另一个",私人观点与共同利益的原则相协调。一个观点的价值不能通过持有观点的激情程度来判断,而只能通过洞察力,洞察力可以洞察公众真正的欲望,也就是公众的真正意志。正是这种洞察力赋予一个人在政治上的卓越地位。同时,通过公开表达的权利,自我主张的冲动得到满足,当一个人感到自己为问题的解决做了贡献时,更有可能对所做之事表示认可。

国家是一个自给自足的有机整体。每个国家都与其他国家相斥。国家成员有责任通过自愿牺牲生命和财产来协助维护国家的实质性个性、独立性和主权，更不用说他们的私人意见了。这是战争的伦理元素，不能将其视为绝对的恶，因为这取决于统治者或人民的激情。永久和平将导致人民内部的腐败。事实上，成功的战争阻止了内部动荡，并增强了国家力量。那些拒绝服从主权的国家会被其他国家征服，因为他们无法在自己内部建立一个中央权力。他们的自由因害怕死亡而消亡。康德提出了一个由君主结成的联盟，用来解决国家之间的争端，而未能成功的神圣同盟很大程度上就是这种类型。即便存在一个由多个国家组成的集合体，其结果可能会是引起其他未包括在其中的国家的反对，从而导致新的争端和战争。

只要国家面临失去独立的危险，公民就有责任保卫它；为了使这种防卫有效，必须有一个专门从事战争活动、以勇气为特征的特殊等级。军事等级的必要性与产生家庭、产业社会、政治等级和商业等级的必要性是相同的。在现代国家中，真正的勇气在于牺牲自己为国家服务，并服从有组织的军队所必须的事务。如果没有这个至高无上的动机，仅仅有勇气是不够的。勇气的价值在于它对绝对目标，即国家主权的服务。这里表达了一种完全对立的统一：真正的自我牺牲是真正的自由；完美的自我控制和服从机械秩序；没有个人目标，但却有最强烈的奉献精神；对个体采取最敌对的行动，同时又对他们作为私人个体表现出冷漠或友好的情感。仅仅冒生命危险本身并没有道德价值,其价值完全取决于冒生命危险的原因。

君主权力的职责包括指挥国家的武装力量,通过大使与外国建立关系,以及宣布和平或战争。一个国家与其他几个国家有着密切的联系,因此只有国家元首才能够适当地宣布和平或战争。

由于国家不是私人,而是独立的整体,它们彼此之间的关系与约束私人个体的道德不同。在私人个体的情况下,有法庭可以公正解决争端,并确定什么是正义。毫无疑问,各国之间的关系本质上应该是公正的,但没有一个与各国不同的权力机构可以决定什么是本质上公正的。因此,国家之间的正义必须始终保持为一种理想,它们之间所达成的任何协议只能是暂时的。一国不应干涉另一国的内部事务,但国家的个性意味着其他国家对其予以承认,就像个体除了与他人的关系之外,并不是一个真正的人一样。

不同国家之间可以签订条约,但这些条约远没有城市共同体中个人之间签订的那些条约复杂和多样。各国之间的义务应该保持在不可侵犯的条约之上。但由于没有比每个国家的主权更高的意志,因而如果情况有变,条约可以被改变。由此,当国家不能就某一争议点达成一致时,冲突最终必须通过战争解决。不同国家的公民之间复杂的关系自然地导致人们认为某个条约已经被违反,尤其是在一个国家可能认为它的荣誉受到了某个关系的牵连的情况下。此外,特定的伤害可能被视为对即将到来的危险的预示,特别是如果已经有了长久的和平,就会怀疑另一个国家的最终意图。条约的目的始终是确保国家的幸福与其特定利益。

各国相互承认的事实意味着即使在战争时期,当武力和偶然性支配一切时,它们之间仍存在一种关系。国际法意味着和平的可能性,战争则仅是暂时的。因此,外交使节受到尊重,并且人们可以理解战争不是针对外国的内部机构或和平家庭和私人公民展开的。因此,现代战争在人道和无个人仇恨的情况下进行。欧洲各国在他们的立法、伦理风俗和文化的普遍原则下构成了一个国际大家庭。因此,它们之间的国际行为有所改善。

第七章
民族国家（再续）：
边沁、穆勒父子和赫伯特·斯宾塞

与黑格尔的普遍主义相对立的是边沁及其追随者的个人主义，包括两位穆勒（Mill）先生和斯宾塞（Herbert Spencer）。当边沁开始写作《人的自然权利》(the Natural Rights of Man)时，这一概念在美国和法国的权利宣言中已被广泛提及，也已在英国的人们心中失去了它们原本具有的强大影响力。就像保守主义代言人柏克（Burke）一样，他不相信人类拥有不可剥夺的固有权利。边沁宣称，人类没有任何自然权利：他只有偏好、欲望和期望。他断言："适当的权利是法律适当的产物；真正的法律创造真正的权利。"我们最好将边沁视为一个主要兴趣在于寻找改善社会有效手段的人，从而更好地理解他的优劣。正是出于这个目的，而不是纯粹的思辨兴趣，他对各种作为行为动机的快乐进行了详细的分类；而他一再强调"每个人只能作为一个人来计算，而绝不能作为一个以上的人来计算"的原则，也源于同样的慷慨之心。他是对所有禁欲主义和利他主义理论持绝对批评态度的人，认为最终唯一的行为动机是对自己个人利益的关心。我们必须区分行为的动机和其执行的意图。他说，"动机实质上不过是以某种方式运作的快乐或痛苦",而且,"快乐本身就是一种善,甚至在没有摆脱痛苦的情况下也是唯一的善;痛苦本身是一种恶,实际上是唯一的恶。这对于每一种痛苦和快乐都是真实的。由此可见,本质上并不存在任何一种本身是坏的动机"。一个行为的价值完全在于它倾向于产生快乐或趋避痛苦的程度。唯一可以被称为善或恶的是一个人的性情,而不是他的行为动机;然而,性情是好或坏的,取决于它是否倾向于产生或导致快乐或痛苦。因此,善恶完全取决于行为者的性情,这个性情是由对行为及其后果的看法决定的。"在其进行的每个行为中,每个人都被引导去追求在他看来在那个时刻对他自己的幸福最有助益的行为。"边沁区分了"私人伦理"和"立法艺术",试图确定它们各自的界限。"伦理总体上可以被定义为,引导人们的行为朝着产生最大可能的幸福的艺术。"私人伦理是自我管理的艺术,而立法则是通过引导其他人的行为,以在整体上产生最大快乐的艺术。一个人在履行自己责任时所展现出的品质是审慎,不减少邻居幸福的行为是诚实,为他人增添幸福是仁慈。如果有人问为什么我应该诚实和仁慈,边沁的答案是,尽管一个人在任何时候、任何场合都能找到足够的动机来关心自己的利益,然而,他总会在某些场合有一些动机来关心其他人的幸福。首先,他在所有情况下都有纯粹的社会动机,即同情或仁爱;其次,在大多数场合,他还具有半社会动机,如爱或友谊和对声誉的追求。同情的动机会在很大程度上受到各种情况的影响,主要取决于他的智力高低、心智的坚定性与稳定性、道德感受能力,以及他与之打交道之人的性格。

由于私人伦理和立法都有相同的目标，即共同体中每个成员的幸福，它们在一定程度上是相辅相成的。它们又有何不同之处呢？其间的区别在于所涉及的行为领域和范围存在差异。"私人在任何情况下都应该将自己的行为引向实现自身幸福以及他人幸福的目标；但是，在某些情况下，立法机关不应该试图指导共同体中其他成员的行为。每一项对整个共同体都有益的行为，每个个体都应该自发地去执行，但并不是每一种这样的行为，立法机关都应该强迫他执行。"

人们可能会问，我们如何证明追求最多人的幸福会带来所有人的最大幸福？毫无疑问，如果我们假设所有人都是平等的，那么"最多人"与"所有人"是可以等同的；但这种思路对边沁来说并不适用，因为他认为将所有人视作平等是一个最有害且混乱的谬误。那么，为什么我们要把边沁所说的多数人或"最多人"视为能够代表整个共同体的人呢？托克维尔（Toqueville）在他对美国的调查中得出结论，民主的基本原则是平等，而边沁明确地反对了这种观点。他主张，公共利益要求社会提供生存和富足，同时也要提供平等和安全；但他认为，当追求平等与追求安全发生冲突时，"毫不犹豫地选择安全"是必要的。实际上，边沁在实践中放弃了平等的观念，而在立法目的上则将公民视为平等的个体。因此，他只是将这个准则作为立法的原则。他确实认为，增加一个人的财富就是增加他的幸福，但与此同时，他承认这种增加并不与财富的增长成正比。而且，在不考虑唯一使这些特权具有价值和公正的智慧与公共精神的情况下，不能说赋予政治权利必然会带来个人或共同体更大的幸福。

与边沁一样，詹姆斯·穆勒（James Mill）的兴趣主要不是理论，而是在实践方面；实际上，他的心理学研究主要是为了实现明确的社会目标。边沁满足于一种粗糙的心理快乐主义，他将其与利己主义等同起来，并在利己主义和利他主义之间进行了不完善的调和。詹姆斯·穆勒的目标是通过运用联想的原则，证明功利主义原则，即个人的真正目标是"最大化最多人的幸福"，并没有排除利他或无私行为的可能性。他试图通过区分"不可分割"的联结与其他形式的关联来实现这一点。他认为，前者可能将最初只是手段的东西转化为一个为了自身价值而追求的目标。他在解释各种心智元素结合的结果时，采用了类似化学元素结合的比喻，这也是独创性的观点。他认为，通过这种方式，很容易证明直觉或"道德感觉"观点的良知是站不住脚的，因为道德判断实际上基于功利主义原则。与他忠实追随的边沁一样，詹姆斯·穆勒努力在慈善事业和政治的许多领域应用功利主义原则。他可被视为1832年英国改革法案的思想奠基人。然而，他并不是立即采用普选制的倡导者，而只是希望确保中产阶级的解放。他的观点是，普选权的扩展必须通过启蒙和教育的传播逐渐做好准备，以便与工人阶级相适应。与边沁一样，他认为最重要的是人们应该对自己的利益有明智的认识，这意味着功利主义原则是不容置疑的。比边沁更为进步的是，他试图将两者共同的原则放置在更明确和稳定的基础上。

约翰·斯图尔特·穆勒（John Stuart Mill）[*]在他的伦理学中

---

[*] 除特别说明外，下文中的穆勒均指约翰·斯图尔特·穆勒。——译者

第七章 民族国家(再续):边沁、穆勒父子和赫伯特·斯宾塞

展现出了与其哲学其他部分相同的广阔视野和狭隘理论的结合。他一直用文字坚持从边沁和詹姆斯·穆勒那里继承下来的享乐主义和功利主义学说。在《功利主义》(*Utilitarianism*)一书中,他告诉我们,所有道德行为的基础都是对快乐的渴望和摆脱痛苦的愿望,而"所有令人向往的事物要么是因其本身内在的愉悦,要么是作为促进愉悦和预防痛苦的手段而令人向往"①。然而,生活的最终目标"不是行动者自身的最大幸福,而是总体上的最大幸福"②。道德情感促使我们努力促进幸福,即使这种幸福不属于我们自己。可能会有人提出异议,即使承认人们在事实上总是追求幸福,也并不意味着他们这样做就是正确的。对于这个异议,穆勒的回答是:"唯一可能提供的证明某物是可取的验证,就是人们实际上渴望它……没有理由可以说明为什么普遍的幸福是可取的,除了每个人只要他认为它是可以获得的,就可以渴望自己的幸福。然而,鉴于这一事实,我们不仅拥有这种情况所允许的所有验证,而且拥有我们可能需要的,即幸福是好的;每个人的幸福对于他本人来说是一种善,因此,每个人的幸福对于所有人的总和来说也是一种善。"③ 如果进一步提出异议,认为这一验证未能证明幸福是人们实际追求的唯一目标,穆勒回答说,尽管美德在本质上不是最初目标的一部分,但对于那些无私热爱它的人来说,它已然成了目标的一部分。④

根据他的一般理论,穆勒试图表明道德情感并不是与生俱

---

① *Utilitarianism*, p. 10.
② Ibid. p. 16.
③ Ibid. pp. 52-53.
④ Ibid. p. 55.

来的，而是由各种因素高度复杂结合的产物，其中主要包括同情、恐惧、各种宗教情感、对行为影响的经验、自尊心和对公众赞许的渴望。在这个复杂的特性中，我们可以解释这种情感的非凡力量和坚韧性。它由不同元素组成，其连接相当之强，足以达到不可分割的程度。正因如此，它被认为是与生俱来的；因为那些看似本能地行动的东西，自然被认为是一种原始的"直觉"。如果这些元素中有任何一个可以被称为至少是相对来说"与生俱来的"，那就是同情。然而，更重要的是要发现，公共生活中的交往使人们习惯于相互合作，共同努力以实现共同目标。社会生活的发展越高，不同阶层之间的障碍越少，这种团结就越会增加；当受到教育和制度安排的持续滋养，同时得到公众舆论的鼓励时，这种情感可能会引发一种可以被称为宗教的东西。因此，与边沁相反，穆勒认为存在完全无私的情感。正如柏拉图所说的那样："宁可受到冤屈也不可冤枉别人。高尔吉亚所标志的这一步是道德文化中最伟大的一步——培养为履行职责而无私奉献的精神。"他说："在边沁看来，人类从不被视为一个有能力追求精神完美为目标的存在；他不渴望，也不会为了自身内在意识以外的希望和恐惧，而单纯追求让自己的品德符合卓越标准，并将这种符合作为终极目标。即使在更为有限的良心形式中，他也未能意识到这个重要事实。"① 对于一个如此明确表示与其导师学说中一个主要特征不符的人，坚持将功利解释为"最高意义上，基于人类作为一个不断进步的存

---

① *Dissertations*, i. 359; James Seth's *English Philosophers*, 253.

在的永久利益",并不令人惊讶。① 在《功利主义》中,穆勒表达了对人类进步的信仰,这种信仰表现出一种宁静而持续的希望。他说:"任何一个其观点值得深思熟虑的人都不会怀疑,世界上大部分重大的、明显的弊端本身是可以消除的,如果人类事务继续改善,最终这些问题将被限制在很小的范围内。任何意义上带来痛苦的贫困都可以通过社会的智慧以及个人的良知和远见予以完全消除。甚至那些最难对付的敌人之一——疾病,也可以通过良好的身体和道德教育,以及对有害影响的适当控制明显减轻,科学的进步则为未来更直接地战胜这个可憎敌人提供了希望。这方面的每一次进步都减轻了我们的一些负担,不仅是那些缩短我们生命的问题,更重要的是,它减轻了那些与我们的幸福紧密相连的人的负担。至于命运的变迁和与世俗环境相关的其他失望,这些主要是极度的不慎重,欲望不受控制,或者是坏的或不完善的社会制度的结果。总之,人类痛苦的所有主要根源,在很大程度上几乎完全可以通过人类的关注和努力消除;尽管消除它们的进展极其缓慢——在完全攻克它们之前,会有很多代人在这一斗争中丧命,世界变成了它本可以很容易变成的模样,如果有意志和知识的话——然而,只要一个足够聪明和慷慨的心智能够在这种努力中发挥一定作用,不论多么微小和不起眼,他都会从这场斗争中获得高尚的愉悦,而且他宁死,也不愿意放弃这场斗争,哪怕有人以自私的放纵来贿赂他。"②

---

① *Liberty*, Intro.; Seth, p. 254.
② *Utilitarianism*, p. 21.

穆勒绝不是那种将一切国家干预视为对公民自由的侵犯的个人主义的支持者；相反，他认为在殖民化、劳动时间、研究资金等方面的立法与开明的个人主义是完全一致的。然而，他非常清楚，国家应该在某些不明确的限制内约束自己。他对多数人的智慧并不盲目信任，他支持所有政府形式中存在有组织的反对派，并支持黑尔(Hare)提出的代表少数群体的方案。他还坚持认为，尊重不得干涉个人的原则至关重要，除非这种干涉是防止其行为伤害他人所必需的。在这种情况下，干涉可以采取暴力或习惯观念的形式。言论和行动必须有最大可能的自由。他认为，只有自由讨论所有可能的选择才能发现真理。行为无疑不能像意见那样得到那么多的自由，但他主张，个人幸福的条件，以及个人和社会的进步条件，在于一个人的行动应该出于其性格，而不仅仅是遵循习俗和传统。因此，穆勒坚持他的个人主义，认为社会至少必须建立在私人财产、私人资本、继承、合同和竞争的基础上。因此，他拒绝所有试图废除私人资本的社会立法，认为这样的革命只会以失望和幻灭告终。他认为，竞争对于进步而言是必不可少的。他说，那些将现存社会的弊病归咎于竞争的人，"忘记了在没有竞争的地方就会有垄断存在，所有形式的垄断都是对勤劳者的征税，以支持懒惰，如果不是掠夺的话"。在拒绝以社会主义来解决社会问题时，穆勒强烈主张自愿合作。他认为，随着时间的推移，工人阶级可能会掌握必要的资本，并且可以信任他们会促进企业发展，只要他们受过足够的教育。他所指的教育远不止于传授基本的读写算能，或者对历史、科学和政治经济学的表面了解，甚至不仅仅是对政治和社会责任的直接教导。他更多的是指像柏拉图在他的《理想国》中所阐述的那种广泛和宽容的性格，或者至少是已经适应了现代生活需要的柏拉图式的理念。在穆勒看来，一个人的教育不仅仅是在学校接受的基础教育，还包括他从他的特定行业或职业实践中获得的更高形式的教育。一个公民的教育不能仅仅通过赋予他选举权来决定，而只有在整个社会训练适合他享受自治的天赋时才能决定。只有通过实际运用这一权利，才能将其训练得足够适应获得它。当然，在实践中运用民主的总体原则时会存在一定的风险；实际上，对民主信仰者来说，没有比找到防范这些风险的方法更重要的问题了。因此，穆勒并不是纯粹的自由放任（laissez faire）的支持者，而是一种更为丰富和积极的个人主义的支持者。他反对所有群体、阶层或等级的区分。仅仅使社会多样化和自由是不够的，社会中的每个成员都必须活跃、开明和无私。主要正是出于这个原因，穆勒如此强烈地坚持自由讨论的权利。事实上，他几乎把它变成了一种迷信。他对社会实验也有类似的过度信仰。他断言："社会的健康与'社会中存在的离经叛道程度的多少'不能成为衡量社会健康的标准。"穆勒非常厌恶对社会的干预，以至于有时似乎将仅仅拒绝屈服于社会权威视为一种美德。同时，他的总体观念无疑是正确的，即人类本性中许多最好的东西都超出了社会和法律制裁的范畴。

在《功利主义》中，穆勒对正义情感进行了分析，仔细分析后会发现这种情感预设了一个原则，即人类的完善是一切社会进步的隐秘动力。正如穆勒自己所说的，随着时间的推移，同情心逐渐扩展,超越了个体,甚至超越了国家,最终扩展到了所有人类,这是为什么呢?难道不是因为人通过经验的教训,通过对自身狭隘和偏见的艰难征服,认识到除了与一个无处不在的善完全统一,没有其他办法能够给他带来持久的满足感?正义,作为确保每个人充分发展所必需的手段,与基于动物的怨恨本能的单纯报复冲动截然不同,而这正是穆勒试图追溯的。对所有人怀有同情心的扩展不仅仅是一种扩展,因为对每个人公正公平待遇的要求的承认最终只能在一个原则上得到合理解释,即生命的真正目标在于将所有人团结在一个共同事业中。正义不能被像穆勒所辩护的那样,通过任何将其简化为仅仅是计算快乐的尝试来辩护,无论这种尝试看起来多么华丽。这种尝试看似成功是因为混淆了"快乐"这个概念与人类完美的标志。因此,正义不是一件一劳永逸的事情,而是一个不断实现的过程,尽管它永远无法完全实现。

穆勒的观点是,所有"仅仅作为一种限制的限制(restraint qua restraint)是一种恶"。这个观念基于这样一个原则:自由在于"自我决定"。这并不意味着一个人可以按照不受限制的欲望或自私的偏好随心所欲,因为如果是这样的话,所有公共行为就没什么正当性可言了。穆勒的真正意思是,个人行动的自由对于最高的生活而言至关重要,一旦清楚地认识到没有合理的自由去追求非社会化的欲望,社会对个体自由的所谓干预就必须被视为真正自由的基本条件。人们抗争和死亡不仅仅是为了自由,还是为了逃避任意的、非法的、不明智的限制;这意味着承认良好的法律对于确保美好生活的外部条件的重要性。没有限制只是实现最好生活自由发展的手段,当通过干预个体可以获得更多的利益时,这种干预就被证明是合理的。穆勒非常希望让个人追求自己的目标,以至于他似乎认为,多样性和离经叛道本身就是可取的。但正如斯蒂芬(James Fitzjames Stephen)爵士所说:"独创性在于自主思考,而不是与其他人想法不同。"如果自主思考导致思考方式与他人不同,那么只有基于更好的思考方式才能证明其合理性。在一个文明国家里,对个体的干预并不比未开化的国家少;真实的情况是,文明社会提供了有序生活的条件,使得更大程度的个体生活多样性成为可能。野蛮的生活是一种简单而无差别的行为,在这种生活中,每个人都被习俗的暴政所束缚。

通常情况下,法律保护个体免受习俗的暴政。国家保护家庭、职业与行业,以及宗教生活,免受习俗观念的不公正干预或团体的暴政。穆勒承认,"在英国,舆论的枷锁比欧洲大多数其他国家也许更重,法律的约束则更轻"。通过将教育从教会机构手中分离出来,国家实际上使个人的自由成为可能。义务教育体系是对父母干预,此举是为了保护孩子的权益。穆勒说:"人类在干预他们任何成员的行动自由时,无论是个别地还是集体地,唯一正当的目的就是自卫。"但穆勒所考虑的个体是先进文明社会中的人。实际上,我们不能将个体和个体与他人的各种关系分离开来,这些关系对他的生活来说至关重要,除非我们采用一种有害的抽象方式。

在斯宾塞身上,我们看到了一位比穆勒更为一致,尽管不够引人入胜地实践个人主义的思想家。他受到社会与生命有机体的类比的深刻影响。这种类比基于生存斗争和适者生存原则。在这里,人类社会被比作整个动物物种,或者在它们相互竞争的背景下,可以被看作动物种群的整体。另外,斯宾塞还将社会比作个体有机体,其成员相当于细胞,或者更确切地说是"生理单位"。然而,他认为社会和有机体之间存在一个重要的区别:在有机体中,意识与中央器官相连,而社会则没有专门的意识器官。此外,虽然在前者中,部分的存在是为了整体,但在后者中,整体的存在是为了部分。基于这个事实,他推断出中央器官,也就是政府,在社会中永远只能是一个必要手段,而不是像在个体中那样是最高仲裁者。他认为,经验教训告诉我们,对个体的所有外部干预都会导致失去对自然现实的实际适应力,人为制造的权威也永远不可能像个体的自发活动那样充满活力和高效。

斯宾塞假设个体与国家之间存在这样一种对立,即国家得到的是个体所失去的,个体获得的则以国家为代价。这一理论暗示了国家行为在任何情况下都不是个体行为。实际上,赋予国家行动力和正当性的原因是,它是个体真实意志的表达。在没有其他条件时,自由个体不会觉得有义务遵守国家法律。毫无疑问,有些情况下,个体的真实意志没有体现在某些政府措施中;但原因不是国家反对个体的意志,而是它没有表达个体的真实意志。因此,我们会发现个体反对政府的某些行动,并试图废除某项法律。如果政府采取了与公共利益相悖的行动,这样的行动就是合理的。我们必须记住,政府的行动始终是对公共福祉的一种尝试,由于没有哪个政府是绝对无过失的,所以它的行为可能会与共同体的真正利益相抵触。但这并不意味着个体的意志必然与国家行为对立,只能表明个体的真实意志被误解了。国家不是个体的简单集合,它只有在表达个体意志的时候才存在,而这种意志,一般来说,是通过政府表达的,但在某些时候可能与个体的意志相反。政府在某个时候废除《谷物法》(Corn Laws)与在另一个时候通过《工厂法》(Factory Acts)并不矛盾。这两种行动都基于相同的原则。按照同样的原则,我们可以在某个时候正当地抗议任意和违宪的行为,而在另一个时候通过法律干预教会组织的所谓权利,以规范人们在宗教事务中应该相信什么。问题的关键在于,行动是否与公共福祉一致,而这也就是符合共同体真正意志的事。

斯宾塞将国家比作一个与生命体类似的有机体的观念,似乎暗示了一种比国家与个体对立更高级的国家观念;因为生命体的本质就是一个整体,在其中没有任何部分有独立存在的权利;而且,生命体,至少是较高级别的生命体,具有一个中央器官,通过这个器官,各个从属器官相互调节和协调。因此,令人感到奇怪的是,在将国家比作一个有机体之后,斯宾塞竟然继续说个体必须被比作"分散在一个未分化的凝胶物中的身体"。我认为,这么说的原因是这种类比会使我们认为政府对应于大脑;那么,在这种类比中,哪里有充分的基础来将国家行为最小化呢?斯宾塞说:"正如社会没有感知器官一样,脱离单元福祉来独立考虑整体福祉,并不是一个要追求的目标。社会存在是为了成员的利益,而不是成员存在是为了社会的利益。"这是一个古老的谬误,即国家与组成它的个体相对立。当我们看到国家就是这些个体，它是个体真正意志的表达时，我们就不再有理由否认它具有类似于"感知器官"的特性。实际上，它是一个自知自觉的有机体。当然，国家和公民并不是两种不同的东西，国家就是公民的思想和意志的表现，如果我们剥夺了公民或者他们的思想和意志，我们将一无所有，当然也就没有了"感知器官"。虽然国家远超一个有机体，但它也不次于它；如果不承认这一点，我们就会失去所有与这种比较相关的启示性，正如一个生物体的部分如果脱离整体什么都不是一样，国家中的个体成员在整体之外也是不存在的，就像没有这些个体就不可能有整体一样。

为了支持自然权利学说，斯宾塞说："在确定的政府出现之前，行为是由习俗来规范的。"尽管这是一个非常明显的事实，但这是否意味着，权利是独立于社会而属于个体的呢？这只表明在早期社会，权利是由共同体认可的，尽管没有明确体现在法律中。原始法律，正如亨利·梅因（Henry Maine）爵士所指出的，是对习俗的宣言，而不是一种命令；但共同体认可的习俗实际上是国家行为的早期形式。因此，习俗如何发展为国家法律实际上证明了法律是心智的表达，而不是个体在寻求自己的个人利益；相反，它是普遍心智的表达，超越了个人利益，是为整体的利益立法。斯宾塞说："财产在法律存在之前就被广泛认可了。"当然，即使财产的认可没有通过法律形式化，它仍然是普遍意志的表达，而不是个体自私利益的表现。斯宾塞认为，财产是个体不可剥夺的权利，国家的职能是保护个人免受他人干预。然而，在原始社会，财产并不是个体的：它属于家庭、村庄或部落，而现代意义上的财产权是对这种集体财产的干预。权利的基础是确保实现最佳生活所必需的外部条件，因此社会创造了与义务相对应的权利。这实际上是斯宾塞所承认的，他告诉我们，"自然权利的观念源于对一个事实的认知，即如果生命是可辩护的，那么维持生命所必需的行为必须得到辩护，因此对于使这些行为成为可能的自由和要求也必须有所辩护"。

斯宾塞关于主权的观念似乎与霍布斯和奥斯丁的观点相似，他们认为主权存在于某个明确的一人或多人中，尽管他与他们的不同之处在于他否认主权是无限的。但是，主权首先并不属于任何明确的一人或多人，而属于整个共同体。政府只是表达总体意志的机构，它的权威来自它与总体意志的关系。其次，主权必须是无限的，否则就没有最终可诉诸的中央权威。政治顺从并不是对特定个人或多人意志的服从，而是对整体社会和政治有机体中通过一系列的习俗、制度和信仰所实现的普遍意志的表达。

第八章
民族国家（又续）：
尼采、海克尔和特赖奇克

黑格尔对国家主权的重视可以通过德国特殊的历史来部分地得到解释。与歌德不同，黑格尔是一位热心的爱国者，尽管在施泰因（Stein）、沙恩霍斯特（Scharnhorst）和哈登贝格（Hardenberg）的改革之前，他对普鲁士深感鄙视，他曾说，普鲁士通过卑屈地顺从拿破仑来确保自己的安宁。然而，他并没有对德意志的最终统一失去信心，他后来还说，"世界灵魂""把最伟大的天才投入到军事胜利中，只是为了表明单纯的胜利毕竟是多么微不足道"。在给泽尔曼（Zellman）的一封信中，他告诉对方要超越眼前的失败，看到失败的原因，并在这些原因中看到恢复的希望。他写道："法国这个国家通过革命的洗礼摆脱了许多人类精神留下的、如同婴儿鞋般紧束人的制度，这些制度像沉重的枷锁一样压迫着人，也像现在一样仍然压迫着其他国家。因此，法国人在拥有明晰和发展完善的精神方面超过了德国人，然而，一旦德国人被迫摆脱惰性，他们将会被激发出行动力，并且在与外部事

第八章 民族国家（又续）：尼采、海克尔和特赖奇克

物接触中，保持内在生活的强度，很可能会超过他们的老师。"① 在施泰因和哈登贝格的改革后，这个预言得到了证实。黑格尔为德意志民族从最严苛的暴政中被救赎出来，并恢复了国家自主性而感到高兴，认为"这是所有更好生活的基础"。他被法国大革命点燃的青春热情，已经演变成了将国家视为有机统一体的理念，这个统一体同时也保障了个人的权利。一方面，国家必须建立在种族和语言的共同体基础上，并且必须建立在超越个体反复无常的关系之上；另一方面，它必须是一个公民社会，在这个社会中，个体的人身和财产权利得到保障，个体被允许追求他们的特定目标，并在与他人的竞争和合作中发展他们的特殊能力。黑格尔认为，正如我们所见，最好的政府形式必须由一个立宪君主领导；无论对他的观点有何评论，都有充分的理由相信，这种观点在当时的实际条件下是必要的。虽然他的理想意味着比普鲁士制度更民主的政府形式，但他赋予政府比英国制度更直接的主动权。在表达这些观点的文章中，黑格尔宣称，德意志"不再是一个国家，而是像一位法国作家所说的那样，是一个构成的无政府状态"。在神圣罗马帝国时期，国家的一般权力已经被摧毁。他呼吁在一个君主和一个政府的领导下恢复权威。"现代国家的伟大之处在于，使得每个自由公民参与总体政府的古老理念得以实现。国家的权力必须集中于一个中心，无论是执行还是决策。但是，如果这个中心由人民的崇敬维系，并且在一个由自然法则即出生决定的君主身上得到永恒不变的神圣，那么政府就可以毫不担忧或嫉妒地，

---

① Hegel, xvi. p. 628.

让下属的体系和团体自行决定在社会中产生的大部分关系，让每个阶层、城市、公社等在自己的领域内享受自由。"因此，他的观念是一个有机体，其中生命不断地从中心流向极端，然后再从极端流回中心。这实质上就是他在《法哲学原理》中所阐述的。黑格尔虽然被指责为反动派的喉舌，但这部作品表明，他为反动政府拒绝给予的许多民众制度提供了条件。

黑格尔曾被指责为普鲁士军事传统的代言人，而当前战争的无情可以追溯到他的国家学说。然而，他强烈谴责哈勒（von Haller）等人所提倡的以武力为信条，这足以证明这种指责并无事实依据。黑格尔确实相信国家在其自己的公民以及与外国势力进行谈判时具有终极权威，但他同样明确地声明，意志，而非武力，才是将不同元素结合在一起的东西。他也并不认为国家的存在是为了征服。根据克劳塞维茨（Clausewitz）的观点，战争是"政治的延续"。这与黑格尔的哲学完全相反，对黑格尔来说，政治的延续是艺术、科学、宗教，国家为这些提供了必要的外部条件。的确，黑格尔在国际关系方面没有太多论述；但是，毫无疑问，我们无须接受国家凌驾于一切正义法律之上、为了自身私利而为所欲为的观点，就可以清楚地看出这些理由。黑格尔时代最重要的是培养国家意识，正如费希特所看到的那样，黑格尔试图分析一个现实存在的国家，而非构建一个理想的国家，正如他所告诉我们的那样。无论如何，他肯定不会接受国家高于一切道德，可以为所欲为，无视其他国家主张的那种可怕学说。在国家之上及之外，存在着世界之灵，也就是神圣的精神。对黑格尔来说，国家是道德世界的守护者，国家内

第八章 民族国家(又续):尼采、海克尔和特赖奇克

外都是上帝的国度。正如他在海德堡大学首次公开发表演讲时所说:"既然德意志民族通过剑赎回了自己,摆脱了最严苛的暴政,重获了国家的统一———这是更高生活的基础——我们可以希望,除了迄今为止所有的思想和努力都集中在这个世界的王国里之外,人们也能思考上帝的王国;换句话说,除了政治和世俗利益,科学和哲学,智慧的自由也将迎来新生。"有些人将我们所有的问题都归结为黑格尔,这真是奇怪,他们没有看到,坚持国家不可侵犯的人不可能同时是支持世界主宰的人,同时,拥护自由意志,也即道德意志的人,不可能是提出国家唯一限制是其自身私利这一不道德理念的缘起(fons et origo)。支持这种非理性观点的哲学,实际上是在反对唯心论哲学,也许有必要考虑一些历史原因,这些原因导致了当下的德意志将武力神化为现代国家的本质。

德意志的政治统一相对较晚实现,部分原因是德国被分割成两百多个邦国,这些邦国即使不是完全以自我为中心,其独立性也很强。18世纪末,德意志的经济状况非常糟糕。共同耕作和部分农奴制度盛行,并且由于人们分散在众多独立的国家中,彼此之间几乎被关税壁垒、度量衡、货币、习俗和法律的差异所隔绝,因此很难期望工业有所发展。然而,1850年到1860年间,德意志奠定了作为一个工业国家的基础,尽管由于与其他国家的竞争,特别是在铁、钢和其他矿产工业方面的竞争,德意志的经济发展受到了阻碍。施泰因、哈登贝格和其他几位政治家主导发起了新秩序,不过有意思的是,这些改革者中没有一个是普鲁士人。施泰因在唤起德国自觉意识方面得到

了费希特的《致德意志人民的演讲》(Addresses to the German People)的帮助；但是，由于迂腐的威廉三世(Frederick William the Third)及其同样迂腐的顾问，多年来，人民连一些适度的权利都没有。因此，在欧洲大国中，德意志几乎是唯一一个在追求统一和自由的民主和国家运动中在发端阶段就被扼杀的国家。正是在俾斯麦(Bismarck)的铁腕下，德意志开始了新征程，最终德意志统一，罗恩(Roon)对普鲁士军制进行了现代化改革，而毛奇(von Moltke)的军事战略则使普鲁士获得了胜利，首先是对奥地利的胜利，后来是对法国的胜利。这些战争对德意志人民的影响是，激发了他们的统一意识，并在俾斯麦的领导下，发展了国家丰富的矿产资源。这种增强的自我意识和物资丰沛的一个不良结果是，在摩莱萧特(Moleschott)和毕希纳(Büchner)这样的作家中兴起了唯物主义哲学。兰克(Ranke)悲伤地说道："所有人想的都是商业和金钱，除此无他。"为了证实这种唯物主义的倾向，人们将达尔文的生存斗争理论解释为，或者更确切地说是误解为，在生命和历史中，最强大者必然会在长期内取得胜利。海克尔(Haeckel)说道："选择理论教导我们，在人类生活中，就像在动物生活中一样，无论何时何地，只有少量被选中的人能生存下来并繁荣壮大，绝大多数人或多或少地要么过早地挨饿，要么悲惨地灭亡……在整个自然界中，残酷无情的生存斗争一直肆虐，而在自然的过程中，这种斗争一定在发生，这种所有生物之间不断不息、不可避免的竞争，是一个不容置疑的事实；只有少数适者中的精英有能力成功地抵抗这种竞争，而大多数竞争者必然会悲惨地灭亡。我们可能对这种悲

第八章 民族国家（又续）：尼采、海克尔和特赖奇克

惨的状况深感惋惜，但既不能反驳也不能改变它。'被召的人多，选上的人少。'这种选择原则实际上是非常民主的；相反，它在严格意义上是贵族式的。"再次，当用这一原则解释人类生活时，海克尔说："基督教伦理学的最大错误，也是与黄金法则直接背道而驰的错误，就是夸大了对邻里之爱而牺牲了自爱。基督教在原则上攻击和鄙视利己主义。然而，就自我保护而言，这种自然冲动是绝对不可或缺的；事实上，可以说，即使利他主义表面上与利己主义相反，其也只是一种开明的利己主义。如果没有利己主义，没有敦促我们做出巨大牺牲的激情，任何伟大或崇高的事情都不会发生。只有过度的冲动才是有害的。在我们年少时所受的基督教戒律中，有一条被强调为极其重要，并且在数百万布道中被赞美的是：'爱你的敌人，为那咒骂你的人祝福，为那憎恨你的人行善，为那亵渎你、迫害你的人祈祷。'这是一个非常理想化的戒律，但在实践中毫无用处，因为它违背人性。就像这样的忠告：'如果有人要拿走你的里衣，连外衣也由他拿去。'转换到现代生活的语境，这意味着：'当某个肆无忌惮的恶棍骗走了你一半的财产时，就让他把另一半也拿走吧。'再或者，在现代政治中就是：'当虔诚的英国人一个接一个地夺走你们单纯的德国人在非洲的新的有价值的殖民地时，就让他们拿走你们所有的殖民地吧，或者最好的办法是把德国自己也交给他们。'"

自1870年以来，德国人民特有的进取和雄心勃勃的精神因尼采的著作而得到加强。尽管在其晚年，他对民族主义持轻蔑态度，倡导一个统一的欧洲，并呼吁刚毅和自律之人；但他对

权力的崇拜被在1870年后觉醒并形成自我意识的新德国所热情地接受了。人们相信，德国的使命是"将英勇带入知识之中，为了理念而进行战斗"。因此，伯恩哈迪(von Bernhardi)将军应该会支持这种说法："如果没有战争，较为劣等的或道德沦丧的种族很容易淹没那些健康和有活力的种族，从而导致普遍的衰败。战争是道德中的一个基本因素。"

特赖奇克(Treitschke)年复一年地将这些观念灌输给年轻的德国人，直至现在在他们那里几乎普遍存在。他的爱国主义热诚是毫无疑问的，但很难称之为一个心智健全之人的爱国主义。他采纳了俾斯麦的观点："为了国家的利益，个人的良好声望也可能需要被放弃或牺牲。"在《政治学讲义》(Lectures on Politics)中，他与黑格尔的对比被表现得非常明显。根据黑格尔的观点，国家是建立在意志基础上的，"它的约束纽带不是暴力，而是所有人内心深处对秩序的感知"。在批评与特赖奇克同时代的哈勒时，他说："哈勒所指的不是正义的力量，而是那只将无辜的羔羊撕成碎片的秃鹫的力量。"① 在特赖奇克的著作中，这种意志和暴力的对立被抹杀了，而正是由于它们之间的混淆，他的理论才似乎是合理的。

特赖奇克《政治学讲义》的核心思想是，国家即权力：我们被告知，国家远远超越于个人，其目标是实现一个超越个人幸福的理想。毫无疑问，人类不仅仅是一个政治生物，他有权利自由地思考与宗教领域相关的所有事务；但在与世俗事务有关的问题上，他完全受制于国家。甚至教会也必须遵守国家制定

---

① *Philosophie des Rechts*, p. 245.

的法律，包括一定程度的宗教统一，因为如果"没有宗教共同体，民族统一的意识就是不可能的"。认为人道原则可以成为政治行为的基础是一个巨大的错误。人类之间并不存在自然平等，实际上，人类本质的不平等是所有政治推理的基础。国家是一个个体，而不是一个有机体。作为个体，它通过友好交往和与其他国家的冲突来实现自身的目标。世界国家的概念是一个彻底错误的理想。"在各个独立国家间的永恒冲突中，历史之美便在于此。"因此，"国家是为了防御和进攻目的而存在的公共权力，一个不能自主发展和维护的国家理应灭亡"。于是，维持军事力量是一项绝对必要的职责，那些不能保护其公民的国家将不能在他们心中激发真正的爱国主义和民族自豪感。当战争是为了国家利益而进行时，其本质上是有益的和高尚的；正如克劳塞维茨所说，它是国家的必要工具——用特赖奇克的话来说就是"最卓越的政治科学"。"只有在战争中，一个民族才真正成为一个民族。在战争中，新国家得以建立，独立国家间的争端得以解决；它是防止国家分裂的特效药，同时也是培养男子气概的学校。用武力保护国民是一个国家的首要职责。因此，历史有多长，战争就持续多久。即使在文明国家中，它也是唯一能解决每个国家间分歧和无法调和的主张的诉讼形式。这难道不是一种颠倒了的，以此抹去人类中的英勇精神的道德观念吗？即使战争不再频繁发生，保持一个公民军队仍然是明智的，因为它可以培养公民的性格品德。除此之外，保持一个军事阶层也出于自我保护的本能。国家即权力，一个伟大的民族应该通过自己的物质力量在一支组织良好的军队中体现和完善这种力量，这是合理和正常的。在所有政治制度中，一个能真正体现国家和良好组织的军队的制度，是唯一能将公民团结为国家公民的制度。"特赖奇克相信，在一个每位身体健壮的公民都是士兵的国家中，不会有这个国家会通过肆意征服来扰乱其他国家的和平的危险。

174　　特赖奇克明确表示，当他宣称国家即权力时，他想到的国家是普鲁士。权力是实现文化的手段，而他实际上认为文化是德国的专利。德意志民族必须是主权国家，这意味着它几乎没有国际义务。他说："国家是人类永恒社会中的至高存在，在它之上，在世界历史中，根本就没有其他……维护自身权力是国家的最高道德责任。在所有政治弱点中，软弱是最可憎和可鄙的，它是对政治圣灵的亵渎。"这一学说自然对国际法构成了威胁，并且是对侵略性战争的持续威胁。特赖奇克不接受"自由主义"理论，该理论"将国家视为一个好东西，他应该被清洁、梳理和送往学校，并且要感恩和公正，天知道还有什么"。他自己的理论是，国际法必须在规模大致相等的大国之间存在，因为"历史表明，大国不断从衰落的小国中崛起"。小国往往软弱而敏感，不断担心受侵略。"很少有人意识到，比利时认为自己是国际法的摇篮是多么可笑。处于不正常地位的国家必然对国际法有不正常的看法。比利时是中立的，它被削弱了，它无法产生健康的国际法。"另外，英格兰是一个在海上交易中违反所有国际法原则的国家，为了平衡，其他大国必须拥有同等实力的海军。当一个国家的主权受到威胁时，"劝告一个与其他国家竞争的国家首先拿起教义问答书是荒谬的"。因此，如果有必

第八章 民族国家(又续):尼采、海克尔和特赖奇克

要,一个国家可以否认一项条约。"一个国家不能以其未来意志约束另一个国家。"当环境发生变化时,条约理所应当(ipso facto)也要改变,国家自己是唯一的评判者。显然,在这一理论下,国际法和条约都成了"废纸一张"。正如特赖奇克所言:"如果一个国家无法维护其中立地位,谈论中立只是空谈。"哀哉,可怜的比利时!正如一位德国作家所言,一个小国必须依赖大国,通过与更强大的邻国结合而获得真正的活力。简而言之,正如特赖奇克所明确说的:"强权即至高无上的权利,关于什么是正义的争议将由战争裁决。"因此,毫不奇怪,他在小册子《我们跟法国要求什么》(*Was fordern wir von Frankreich*)中坚持要求吞并阿尔萨斯-洛林(Alsace-Lorraine)。用康德的话说,这些被征服的省份必须"被迫获得自由"。"我们德国人更了解什么对阿尔萨斯和洛林有好处,胜过那些不幸的人们自己,他们由于与法国的联系,对新德国一无所知。我们将不顾他们的意愿,将他们的独立身份归还给他们。在这个时代的巨大变革中,我们太经常在喜悦的惊奇中看到历史力量的不朽作用,无法相信在这个问题上全面依赖公民投票的绝对价值。我们借用过去的人来对抗现在。"特赖奇克承认,普鲁士传播"文明"的方法有些并不可爱;但他认为,在新帝国下,普鲁士与德国其他地区联合起来,将变得更加人道,并将反过来使新的被征服民族更加人道。不幸的是,自他发表这个预言以来的40年,实际情况表明,现在出现的不是德国化的普鲁士,而是普鲁士化的德国。

　　根据特赖奇克的观点,国家不受绝对法律的制约,因为法律是由有能力执行它们的主权权力制定的。因此,国际法这种

东西实际上并不存在。国家可以订立条约,但这些条约只在缔约各方决定遵守它们的时候才有效。唯一适用于国家的法律是为了它们自身利益的法律。已经失去用处的条约可以被废弃,新的与新条件相符的条约会取而代之。建立一个国际仲裁法庭与国家的本质矛盾,国家最多只能向这样的法庭提交一些次要问题。国际条约可能会增多,但战争权利将一直存在。

作为培养人类的伟大机构,国家必须受到道德法则的约束。一种真诚和诚实的政策可以树立国家声誉,这本身就是一种力量。对于俾斯麦而言,坦率是一种非常有效的武器,因为当他坦率地表达自己的意图时,较差的外交官总是会认为他的真实意图正好相反。国家必须具备道德,但它最高的道德责任是维护自身的权力。个人可以为了他所属的共同体牺牲自己,但国家不应该牺牲自身。一个国家为了另一个国家的利益而牺牲自身,不仅是不道德的,而且违背了它的最高职责,即自我保存的原则。我们必须区分公共道德和私人道德。在所有政治罪恶中,软弱是最可鄙的。慷慨和感恩只有在不妨碍政治的伟大目标——保存国家权力时,才能成为政治美德。一个国家如果发现自己与野蛮或无道德的人民接触,可以理所当然地降低到与其相同的水平。暴行可能会以暴行回应,欺诈可能以欺诈回应。

殖民地很有价值,因为它们能使母国养活过剩的人口,而不让他们在其他国家颠沛流离。德国这样的国家对殖民地的需求是一种"没有法律限制的必要性"。这确实不是特赖奇克的明确表述,但他的追随者普遍认为,这是可以从他的学说中合理推导出来的观点。

第八章 民族国家（又续）：尼采、海克尔和特赖奇克

国际法是各国基于自身利益和智慧建立的一套法规体系。特赖奇克否认小国或中立国家在起草这些规则中能产生任何影响。由于合理推算和彼此对各自利益的认知，各国将对公正表现出越来越多的尊重，但是，由于没有更高的权力置于其上，国际法的存在始终岌岌可危。均势理念包含一些真理。一个有组织的政治体系的前提是，没有一个国家能够强大到可以为所欲为，而不对自身构成危险。国际法中与海上战争有关的规定仍然允许特权海盗行为，这完全是英格兰的错。可以确定的是，国际仲裁法庭永远无法从世界上根除战争。例如，德国怎么能允许阿尔萨斯-洛林问题由一个仲裁法庭来决定呢？

由于国家即权力，那个将所有权力集于一身并坚持自身独立的国家最符合理想。相较于君主制和贵族制，民主制较为低劣，因为它基于一个错误的观念，即人类在本质上是平等的。统治的概念意味着存在一个被统治的阶层，但如果每个人都来统治，那么这个被统治的阶层在哪呢？自由依赖于合理的法律，个人可以在遵守这些法律时得到内心的认可。将自由看作并非来自国家，而是在国家之外寻求的观点是错误的。政治自由在很大程度上不仅仅取决于投票权，更取决于对行政工作认真和有责任心的参与。因此，世袭君主制是一种理想的宪政形式。作为世袭统治者，君主应该对权力的行使不承担责任。在君主制中，国家的意志是一个人的意志表达，这个人凭借某个家族的历史权利戴上了王冠，最终的决定权必须掌握在他手中。君主在道义上得到贵族的支持，因为他代表世袭原则，同时他通常也是人民的保护者。君主存在的合理性还在于，它将最高权

威的地位置于投机者无法触及的地方，而且没有人会嫉妒君主的至高无上的地位。毫无疑问，君主制的成功意味着公众对王朝和君主制政府的信心。建立在平等信条上的民主国家会随着大多数人的心血来潮而改变和转换。它只有在不依赖庞大常备军、高效公务员队伍和集权政府的情况下才能生存。

当特赖奇克告诉我们国家"无限地高于个体"时，他提出了一个模棱两可且具有误导性的陈述。对他来说，这实际上意味着，个体在任何情况下都必须服从国家法律。这与他认为最好的政府形式是自上而下的政府，并且仅仅拥有选举权是很次要的观点有关。因此，他很重视贵族式政府。国家和个体之间的对立实质上是错误的。因为并不存在两种目标：一种是国家的利益，另一种是个体的利益。国家的存在是为了保障个体的最好生活，并且它的权威来自公民的自由同意。没有其他方法可以合理地证明国家法律的合法性。的确，个体并不总能意识到他的利益何在，但政府也一样。社会的所有制度都通过这些组织来发现个体的最佳生活，并将其体现在国家法律中。因此，国家逐渐与公民的利益协调一致。除非某项法律体现了所有个体的共同利益，否则就不能合理地要求个体服从任何法律。此外，国家法律并不是个体生活的完整体现。由于国家只限于对最好生活条件的外部调节，所以它不能直接在司法上干涉由社会力量自由发挥而发展的艺术或宗教、科学或哲学，而只能确保个人自由生活且不受不当干涉。因此，在国家内部存在着促进更高生活发展的组织，而在国家之外也有为实现同样目标而成立的协会。

特赖奇克进一步告诉我们,毫无疑问,国家的存在是为了实现"超越个人幸福的崇高理想",这种理想是那些真正意识到自己最高利益所在之人的理想。道德不在于追求幸福,如果这意味着获得尽可能多的快乐的话。我们不能将个人的利益与整体的利益对立起来,两者是一致的。特赖奇克的评论之所以重要,是因为个人可能在追求自私的目标中寻求自己的利益:这些目标与整体的利益不兼容。这是确实存在的,但它显示了个人与自己的真实本性的矛盾。他自己的善和整体的善是一致的。正如柏拉图所说,人的真实意志是共同的善;这并不意味着每个人都必须过上与其他人相同的生活,而是无论他过上什么样的生活,都必须以某种方式促进整体的善。

我们听说,所有政治推理的基础都是对人的本性不平等的感知。因此,国家的概念先于人类的概念。这种观点似乎很有道理,即因为每个国家都有专门的任务,召唤它去完成。所以,当人们认为某个特定国家的任务可能非常重要,以至于它超越了任何其他国家的任务,并且因此可以正当地迫使其他国家接受其指导时,假如这只能通过武力实现,那么这个真理就被歪曲了。如果一国试图将其特定的文明形式强加给其他文明国家,那么,任何国家目标的重要性都不是正当理由:首先,因为没有一个国家能囊括所有人性的可能;其次,因为文明不能通过武力强加。每个国家都有其独特的文化类型,这种区别对人类生活的全貌至关重要。戴维斯(Davis)先生说得好:"当我们说每个国家都有自己卓越的道德类型时,并不意味着它拥有其他国家所没有的美德,或者它赞成每个国家都谴责的行为。只是意味着，人类的一些共同美德在一个国家比在另一个国家更受重视，某些类型的人类活动在这个地方比在那个地方更有益。科学精神在德国比在英国更受重视，这并不意味着英国人认为科学家无用或会带来危害。法国人比我们更重视礼节，但我们仍然认为礼节是一种好品质。"①

即使承认一个国家拥有所有最好的品质——这个假设很荒谬——它仍然没有权利通过武力将其文化强加给其他国家。不该做的事情就不要做。文明必然是一个缓慢而渐进的过程，因为它代表了那些被试图强加这些文明的人的反应。除非他们有所回应，否则获得的只是表面上的遵从，这与真正吸收新理念是完全不同的，并且肯定会产生虚伪和其他邪恶。特赖奇克似乎从未理解，国家的利益涉及公民对法律的自由同意和支持，除非获得这种同意和认可，否则国家的真正利益就无法实现。他似乎认为，只要拥有顺从的公民，所有值得拥有的东西都得到了保障。但并非一切都有保障。正是通过自由表达理性意志，并在各种社会组织形式中被检验，国家的利益才得以保障。如果消除了这一过程中涉及的检验，国家本身也必将遭受损失。

根据特赖奇克的说法，惩罚仅仅是为了保有社会的外在形式。这是一个完全不充分的理论。外在秩序本身不是目的；它只有作为道德秩序的指示才是有价值的，而没有个体的道德化，道德秩序是不可能的。通过惩罚，个体开始意识到他所违反的共同体的更高思想；否则，将简单地是强者阻止弱者反对的愿望。国家的存在是为了促进最佳生活，而这一目标只能通过对

---

① *The Political Thought of Treitschke*, p. 125.

违反最佳生活神圣性的个体执行惩罚来确保。惩罚的正当性在于，它向所有公民展示了在哪里可以实现美好生活的条件，并使罪犯明白他在哪些方面违反了这些条件。它确实促进了国家的外在秩序，但这种秩序之所以正当，是因为它对最佳生活至关重要。

特赖奇克将战争视为防止国家分裂的特效药。这是一个似是而非的观点。的确，在战争时期，人民会有意识地团结，但这并不是发动战争的理由。防止分裂的真正方法在于消除其根源。如果一个国家内部运行良好，就无须战争来唤醒其团结意识。而在和平时期，公民并不总能意识到他们的共同利益，但战争并不会创造这种意识；它只是明确了已经存在的意识。而且，就战争必然会分散人们对国家内部缺陷的注意力而言，它会带来有害的影响。内部弊病只是被掩盖了起来，但在和平时期必然会再次爆发。唯一能够治愈内部弊病的方法是进行内部改革。认为只有战争才能使人民确信他们属于一个真正的整体的想法明显错误。每一个服从既定律法的行为都是对团结的承认。的确，战争培养了某些美德，但认为它是唯一培养男子气概的学校则是荒谬的。男子气概不仅仅表现为在战争中的勇气，其在抗击社会弊病时更能得到更高程度的发展。比起战争及其伴随的一切罪恶行径，在克服外部自然力量，消除疾病侵袭，发展艺术、科学和哲学方面，这些男子气概更值得培养。认为必须维持一支公民军队以培养品格的观点，只能意味着特赖奇克没有正确理解和平追求的纪律，对战争不可避免地产生的邪恶情绪以及战争带来的巨大经济损失视而不见。

特赖奇克很正确地指出，随着情况的变化，条约是可以进行修订的，但他并没有告诉我们，一国是否可以在未给予适当通知的情况下违反其认为有军事必要的条约。然而，他的整个论点意味着，一个国家必须自行确定何时、何地、以何种方式能违反条约的条件。他告诉我们，一个国家的最高责任是维护自身的权力，因此他会接受马基雅维里的观点，即当一个国家的存在受到威胁时，它可以违反所有一般的私人道德规则。什么情况下会威胁到国家的存在，必须由国家自行决定。显然，这种观点只会导致一个国家有无限的权利，可以为了保护自身的存在而做任何它认为必要的事。在这种观点下，慷慨和感恩只有在它们不妨碍国家的权力时才是政治美德，这实际上意味着它们在政治中根本没有存在的可能。

第九章
现代国家分析

我们对政治理论发展的探究已经完成了，这清楚地表明，共同体从一个简单而无差别的生活形式开始，通过各种甚至有时曲折的途径，发展到了一种既更加多样化又更加有序的生活状态。在原始社会中，个体被限制在非常狭窄和严格的范围内，整个共同体几乎不允许其组织形式有任何复杂性。个体成员几乎没有空间自由发挥其特殊品性或才能。整体利益要求牺牲个体的独立性。个体被限制在狭窄的领土范围内，并期望他也做好准备为了部落或部族而牺牲个人的利益，对自己小共同体的忠诚伴随着对其他共同体的对抗。与现代生活的更发达形式相比，古代社会看起来具有一种虚假的团结表象。与现代国家相比，原始共同体的相对简单性表明了一个普遍原则，即社会发展是从简单到生活和组织的逐渐复杂的发展过程。

雅典城邦几乎是这种社会形式的一个完美典范。然而，它有两个根本缺陷，使其注定在时间的流转中灭亡。首先，它能在非常短的时间内取得巨大成就，得益于它是一个奴隶制国家；事实上，将雅典称为奴隶制贵族政体比将其称为现代意义上的民主制更准确。的确，在希腊的其他城邦中，奴隶的生活没有那么舒适，也没有那么丰富，而且他们来自外邦和半文明民族的比例也没有那么高。但是,这种危害人类的基本罪行侵蚀了市民的生活,最终导致了它的灭亡。雅典政体的第二个缺陷与它获取剩余财富的方式有关。毫无疑问,它的部分财富来自一般税收,但更大的部分来自对附庸城市征收的税款。这实际上与雅典认为一个国家应该自给自足的观念相矛盾,因为它以牺牲其他共同体的自给自足为代价,以此谋取自身的利益。实际上,雅典本身无法满足自己的日常需求,更不用说在没有外部帮助的情况下发展她被伯里克利所赞扬的高尚生活。事实证明,城邦的自给自足是一个无法实现的理想。

罗马也表现出了超越城邦国家界限的趋势。在寡头政治时期,需要一个法律体系来调节罗马人与外国人、外国人与外国人之间的交易,而《十二表法》过于独特,无法为裁决提供适当的基础。罗马人与外国人之间的争端由执政官按照当事人的实践和习俗来解决。由此产生了万民法,与罗马的市民法(jus civile)或本土法律相区别。这导致了一个法律体系的形成,其适用范围比本土法更广。实际上,随着罗马的发展,它已不再是一个真正的城邦国家,建立帝国成为必然。它扩张的结果是使它超越了原来的狭窄范围,并间接地在中央组织和受其影响的各个共同体之间产生了分裂。尽管所有政治权力都掌握在罗马皇帝手中,但市镇被允许有一定的自治权,而这个事实并非微不足道,因为它产生了社会与国家之间的区别,这注定会在共同体生活中带来更多实质性的变化。城邦国家几乎囊括了文明生活的所有需求:宗教、政治、音乐、绘画和一定的教育;因此,维持这种制度是任何文明生活的必要条件。随后人类历史的发展导致了政治机构从艺术、教育、工业和宗教中分化出来。斯多亚学派提出了所有人本质上相同的观念,并由斯多亚法学家推导出"自然法"的概念,该法适用于所有人,这产生了一套广泛而普遍的法律体系,并对现代人产生了巨大影响。

在探讨现代国家的真正形式之前,不妨简要回顾一下政治理论的发展历程。亚里士多德深刻把握了古代城邦国家的全部本质,指出城邦的存在是为了通过社会各阶层的合作,追求一个共同目标,实现最美好的生活。这种将社会看作实现人类本质真正意义的必要条件的观念,与智者的个人主义理念形成了鲜明对比。对于智者来说,国家只是一个工具,能够使人们获得自己在其他条件下无法获得的好处。因此,在政治思辨的最初阶段,我们发现个人主义与有机社会观念形成了鲜明对比,这种对比在现代政治思辨的开端,如霍布斯的理论中也同样存在。亚里士多德认为,自给自足的极限是一个强大和成功的共同体的基本条件,他和柏拉图都认为这应该是城邦,一个追求独立生活的共同体,其能为公民提供最高幸福,包括雅典在其鼎盛时期能够产生的文学、科学、艺术和哲学作品。这种社会形式的缺陷在于它的基本假设,即政治组织的目的和目标不是全人类的幸福,而仅仅是希腊公民的幸福,因此,奴隶制和对劳动阶级的压迫被视为确保最美好生活的正当手段,而其他共同体实际上只是达到这个目的的手段。因此,当斯多亚学派和伊壁鸠鲁学派强调人作为人的精神价值时,这一概念取得了明显的进步,一个主张世界主义的人性观,另一个则呼吁友谊的价值高于冷酷的公民身份纽带。这些学派的长处在于，将自我意识的个性认定为人性的本质，但它们的缺陷在于，在它们的体系中没有提供那些只能在一个组织良好的共同体中确保的美德、权利和义务。人们被教导要对自己的命运保持冷漠，而这就引出了一个推论，即他们对他人的命运也应该保持同样的冷漠。这样的结果就是，在实际行动中，他们没有努力去实现他们关于人类福祉的梦想。即使在那个狭隘的城邦生活观念盛行时，人们对于比这更高尚的理念的认识也从未完全丧失，当基督教传入世界，宣扬所有人都是同一位圣父的子女时，这种理念开始在现实中实现。因此，人类后来的历史可以说是努力实现这一理想的过程，这种理想不仅体现在个人生活中，而且体现在一个模仿"山上样式"（pattern in the mount）的社会形态中。

斯多亚学派的影响体现在西塞罗对"自然法"概念的重视中，西塞罗认为它提供了评估社会制度和法律的标准，这一概念成为15个世纪后重建社会的理想。随着罗马帝国的广泛扩张，独立国家生活的所有观念都丧失了，但在其中出现了大规模的市政法律和行政制度的发展，为一种更具体的国家概念铺平了道路，相对而言，柏拉图和亚里士多德所构想的概念却更为局限。乌尔比安和罗马法学家接受了"自然法"的概念，认为它与奴隶制是不相容的；而就基督教的教父们来说，虽然他们并不准备主张废除奴隶制，但至少帮助改善了奴隶的状况。随着君士坦丁的皈依，教会与国家紧密结合在一起，随后，当罗马帝国在蛮族的猛烈攻击下开始瓦解时，教会变得更加强大，因为它的竞争对手——帝国已经变得软弱无力。然而，帝国并没有灭亡，而是在西罗马帝国灭亡后存续了一千年。在查理曼大帝时期，政教联盟得以恢复，法兰克人的传统部落法融入罗马法中。以国王与附庸之间的契约为基础的封建君主制，为重新引入国家起源于人民与君主之间的契约这一学说铺平了道路。尽管从理论上看，这种观念并不完善，但它被证明是捍卫自由和民族的宝贵手段。

13世纪和14世纪的重大问题是，无论是教会还是帝国，两者都被公认是神的任命，对整个基督教世界都有管辖权，那么哪一个应该高于另一个。腓特烈二世是帝国至上主张的捍卫者，他不仅主张帝国至上，还主张帝国拥有对精神和世俗事务的权威。他的英年早逝让问题悬而未决，许多作家参与了争论，其中最重要的是代表教皇权利主张的阿奎那，以及为皇帝和教宗的分离和独立管辖权辩护的但丁。但丁主张，皇帝在所有世俗事务中至高无上，教皇在精神事务中至高无上。受教会和皇帝这场争端的影响，帕多瓦的马西利乌斯前瞻性地描绘了现代理论，即法律的创造者是全体人民，他们不仅有权选择，还有权废黜执政权力；他还将类似的观念应用于教会，主张精神事务上的最高权威不是神职人员，而是信徒全体。

从14世纪中期到15世纪末，帝国观念逐渐衰落，封建君主制的权力减弱，民族主义日益兴起，并强烈反对教会的过分主张。这解释了与威克里夫和胡斯等名词绑在一起的相关运动。然而，现代政治研究的真正开端是马基雅维里。确实，他针对的不是政治的基本原则，而是一个政治家如果确信他的国家所面临的毁灭危险，应该如何行动的特殊问题；他冷静客观的方法将政府问题置于政教冲突之上,他的原则为国家的独立和统一奠定了基础,即使这只能通过军事专制来实现。如果说马基雅维里代表了文艺复兴的观点,那么路德作为宗教改革的重要代言人则支持了宗教改革特有的主张,即完全否定教会的所有民事权力,正因为如此,他提高了君主的权威,为后来试图捍卫"君权神授"的尝试铺平了道路。路德的学说是:君主只对上帝负责,而不对人民负责。尽管他确实关心个人的自由,但这一理论无疑会支持一种绝对主义,其中所有公民自由都会被摧毁。与之相对,博丹在寻求维护君主最高统治权的同时,努力保护公民免受对个人自由的任意侵犯,他主张,虽然君主在公民面前具有至高无上的地位,且不受法律约束,但这并不意味着他可以摒弃所有义务和道义责任。

格劳秀斯首次尝试制定国际法原则,以替代日渐衰落的教会管辖权。这意味着整个中世纪的观点,包括教会与国家、牧师与信徒、世俗与神圣的对立,最终都已经被关于国家和国际关系的理论取代;从此以后,政治理论只关心国家的基础,主权和权利的来源,以及各个独立国家之间的关系。

霍布斯利用古老的智者思想,即社会以契约为基础,主张君主的权威源于臣民的同意,君主是臣民的代理人;然而,他也认为臣民不能改变政府形式,没有订立契约的君主也不能丧失他的权力。霍布斯主张,任何试图颠覆统治者权力的行为都等同于回归到自然状态,在那里,纯粹的武力主导一切。但是,如果有成功的反抗呢?由于君主的权利仅基于权力,而如果反抗力量成功,权力就会消失,因此,似乎只有未遂的革命才会被谴责。这种矛盾在斯宾诺莎那里非常明确，因为他明确表示，自然权力与自然力量是一回事，是永远不能放弃的权力。他无法解释，如果在不超越自然的情况下如何建立任何权利。权利的基础在于一种高于纯粹自然的目标，而这再次隐含了目的因的概念，斯宾诺莎明确否认这一点。另一方面，洛克认为，人们在自然状态下对自然法则有一种意识，尽管他们并不总是遵守它。他所设想的立法机关能制定这一法则，通过公认的授权法官来执行它，并强制执行所做出的决定。他认为，这将防止每个人根据自己的理解来解释自然法则。而且，由于"立法者的存在只是一种信托权力，用于实现特定目标，人民仍然拥有最高权力来罢免或修改立法机构"。洛克通过这种方式为1688年革命做了辩护。然而，社会契约论在卢梭那里得到了最好的表达。他认为，每个个体放弃他的权利，不是像霍布斯所认为的那样放弃给某个或几个具体的君主，而是给整个社会。最高统治权实际上属于社会中的所有成员，他们只是服从国家法律的臣民。然而，卢梭混淆了问题，他将所有人的意志与普遍意志等同起来——这是基于错误假设的混淆，即只有通过公民的全民公决才能得到普遍意志。因此，随后的政治理论发展在于消除这种模糊性，并主张所有法律和权利的源头在于共同意志，不管它是如何确定的。这就是康德权利理论的实质，但它仍然部分地受到权利取决于个人意志的错误观念的影响。因此，康德被迫找到国家的基础，即众多意志的集合体共同"迫使个体自由"，也就是说，按照普遍法则而不是个人欲望行动。黑格尔消除了国家基于契约的错误理论的最后痕迹，将其基础置于真正的共同意志原则上，这与单个意志的简单总和有所区别。国家确实必须强大，但这仅仅是因为，其功能是维持最佳生活所必需的外部条件。因此，黑格尔实际上恢复了亚里士多德的富有成效的观念，即有组织社会的功能是确保公民的最高利益。

与国家有机体观相对立的是边沁及其追随者的个人主义理论。整个社会契约的虚构概念在边沁看来是可鄙的，就像黑格尔将其摒弃一样。然而，边沁所缺乏的恰恰是黑格尔取代这种长期虚构的因素，即承认共同意志是权利的源泉和主权的真正基础。在约翰·斯图尔特·穆勒那里，这一学说被一些元素修改了，这些元素实际上隐含了权利的基础在于共同意志和普遍利益的原则。在斯宾塞的理论中，纯粹的个人主义，这种在穆勒的理论中已经被一个不那么一致但更具启发性的理论所替代的观点，以其最原始、最赤裸的形式被提倡。他不允许干预他所假定的个人绝对权利，如果从逻辑上推导，他的理论将导向国家没有任何功能的结论。它最多只能将国家视为一种股份公司，其中个人的争端必须通过相互妥协来解决。

我们发现，在特赖奇克、伯恩哈迪和其他德国作家的著作中，国家的绝对性理论以其最原始的形式重新出现。国家的存在仅仅是为了自己公民的利益，以此与其他国家的公民区分开来。它的基础是强权，而不是权利——"古老的法律，简单的计划，即由有权力的人拿取，由能保持的人保持。"因此，战争被赞扬为培养男子气概的摇篮，而对于不能自卫的弱小国家则持蔑视态度。这明显扭曲了黑格尔的学说，即国家建立在意志而非武力的基础上。

第九章 现代国家分析

现代社会的复杂性使得人们很难找到一个公式来准确而完整地表达其本质。就像我们在前面提到的，西塞罗非常重视自然法概念，这一概念是他从斯多亚学派的作家那里得来的。在他的解释下，自然法被视为一种社会行为的理想，可以作为评判实际生活准则的标准。他认为，自然法高于社会的任何成文法。但当我们问自然法的内容是什么时，我们很难得到明确的答案。最接近的答案是，它是一个适于人作为人的法律体现，而不是适于某个特定阶层或国家的成员。但是，如果我们摒除掉所有特定阶层或国家的特征，似乎只剩下一个模糊的东西，这并没有给我们提供任何实际的指导。奴隶制与自然法相抵触，但与国际法协调一致。不过，这并不意味着它会被废除，因为目前尚不清楚自然法则是否会积极地决定如何对待奴隶。因此，斯多亚学派可以接受所有人作为人的身份，同时又能接受奴隶制。显然，这种自然法概念的缺陷在于它的抽象性，无法从中得出任何确定的规则。它超越了社会的不平等，但不能在现实中指导社会和国家的构建。共同体是具体的，不能仅仅由抽象的人性概念决定。人性的观念必须永远保持作为一个理想的存在，但为了赋予它形式和实质，我们必须找到确定的方式实现这个理想，这意味着社会的明确组织中包括其成员的民族差异和职业差异。

将国家视为一种人必须加入的社会契约这种概念，其本身同样不能令人满意。从共同体只是个体的聚合体观念出发，它试图通过肯定契约(无论是实际的还是隐含的)的存在来解释社会的存在。这并不能为国家的存在提供正当理由，因为它将社会视为个体意志的任意组合。没有什么能够迫使个人参与契约，因此也没有什么能够解释为什么需要订立契约。将契约简化为一种实现更多幸福的手段，并不能解释为什么任何人都应该有义务同意契约，如果他认为只靠个人的主动行动就能获得更大的满足感的话。如果所有人都持这种观点，正如理论所说的那样，社会和国家将会变成什么样子呢？因此，如果我们要解释共同体的真正基础，就必须深入研究它。如果这个理论被一贯地执行，唯一能解释社会对个体施加压力的是，社会中最多数人的利益比任何个人的私利更重要。但这显然将国家等同于多数人的权力，可以强行实现其自身善的概念。也许有人会说，正如康德所言，个体可能"被迫自由"；这实际上是对困难的回避。因为如果个体不同意契约，他就不是"自由"的，相反，他只是被迫屈服于对他施加的更大力量。因此，我们必须修正关于社会基础的整个观念。并不是以一群彼此缔结契约的个体来证明国家存在的合理性。真正的合理性应该在于人的社会本性，无论是否承认这一点，这都是事实。自由在于实现这种社会本性。不需要契约，只需要认识到人类生活的实际特性。整个社会的复杂组织都得到了它适合实现人类本性的正当性的理由，不同的政治体制必须按照这个标准来评判。正因为如此，专制政府必须被谴责。不是说它在某种程度上不能成为实现人类本性的手段，而是它在一个关键点上失败了，即不允许个体参与决定自己的生活。对任何破坏实现人类生活的下属组织形式的企图也必须提出同样的反对意见。他们的毁灭意味着一切都是由上级决定的。因此，人类的进步必然受到阻碍，正是通过这些组织的自由但受到规范的行动，在服从中央权威的指导下，共同意志才得以表达。出于同样的原因，所有严格的阶层或等级划分都应该受到谴责，因为这阻止了"开放的机会"，而如果没有这种机会，个体发展就并不完全。因此，社会和国家是具体的组织，普遍生活在其中自由地发展，而最好的共同体形式是能够最好地让所有公民实现自身潜力的形式。

然而，虽然是这样，仍不能承认任何形式的组织，无论是工会、俱乐部、股份公司，还是教会，都能拥有绝对的独立性。因为这样说只会打开通往无政府状态的道路。为了效率，必须允许每个组织管理自己的事务，但没有一个组织可以声称有权违背整个共同体的利益行事。一个开明国家允许其边界内所有合法组织自由行动，但它不放弃协调其分歧的终极权力，否则就不能称之为一个国家了。有些事情不能干预，只是因为这样做违背了它的本性。它不能，或者至少不应该干预法人团体的独立行动，除非他们的行动破坏或削弱了个人权利；它不能侵犯个人良知的权利，或者规定宗教信仰——尽管它可以阻止教会团体试图以武力强加其信仰——它的职能是提供自由生活的外部条件，而不是试图让其公民变得虔诚或道德高尚。宗教和道德是私人良知的问题，国家无法触及，否则对它来说就是致命的。但在其自身的领域内，它是至高无上的。国家必须且确实在权力或财产归属的冲突方面发挥作用，在行使这一合法职能时，它可能需要干预，但干预的对象不是公民的私人信仰——除非这些信仰可能会对整体利益有害——而是一些教会团体的非法操作，或者某些公司或团体的暴虐行为。作为中央调节机构，国家有权确保教会或公民团体的内部组织不与整个社会的组织相抵触，否则就是纵容教会或公司的武断行为，颠覆政治制度存在的目的和意义。

似乎较为重要的是，我们应该清楚地了解我们所说的主权是什么意思。当两种权力互不干涉时，它们就具有独立或协调的权威。与此同时，如果一种权力在某些方面能够支配另一种权力，使其必须做或不做某事时，那么它就是另一种权力的最高权威。为了获得至高无上的地位，一种权力不需要干预另一种权力机构的所有活动，只需要在某个领域内拥有命令或阻止对方行动的权力即可。因此，我们必须区分绝对至高（Absolute Supremacy）和相对至高（Relative Supremacy）。前者不允许其他机构的所有独立活动，后者只允许某些活动。最近对国家至高无上性的许多攻击，似乎混淆了这两个概念。相对至高不受一种权力在某些方面受另一种权力支配的事实的影响。一个组织可以在其自身领域拥有至高无上的权力，但若超出该领域，则可能受到其他权力的支配。因此，如果教会、家庭、工会等在其指定的领域内活动的话，国家不得干预。声称国家可能绝对至高意味着，其他权力在任何意义上都不独立；换句话说，所有的行动都要受国家影响。然而，据我所知，现代英国或美国作家中没有人持有这种观点。上述提到的每个组织都有自己的管辖范围，如果国家干预这些领域，就等于宣扬它绝对至高，且剥夺了其他权力的所有权威。

以家庭为例。在家庭生活方面，户主在家庭生活方面的权力不受国家管辖。子女的行为须遵循父母的命令，他们应该服

第九章 现代国家分析

从父母的指挥。但是，家庭的权威也并非绝对无限。首先，在文明国家，家庭的权威是建立在一夫一妻制基础上的，任何家庭试图违反这一规定都会遭到文明国家的抵制。此外，国家可以强制执行家庭中较年轻成员必须接受国家要求的教育的原则，因为这对整个共同体的利益至关重要。同时，国家也规范了财产分配。因此，在家庭方面，国家具有相对至高权威，但并非绝对至高权威。

同样地，工会对其成员拥有独立的管辖权，成员必须服从工会规定。然而，工会对其成员无法具有绝对至高的权力，更别提强制所有工人加入该组织了。在行使权威时，工会不能够抵消国家有关财产、生命权以及公民独立性的法律。因此，很明显，工会并没有绝对至高的权力，只是在服从国家法规的前提下具有相对至高权。

现在我们又该如何看待国家与教会之间的关系呢？在这里，我们是否有一个例外？是否有任何教会拥有绝对独立于所有国家控制之外的权力？换句话说，教会和国家是否是两个绝对并列的权威机构？毫无疑问，这个问题的提出本身就已经暗示了答案。问题不是教会是否在其自身领域内拥有权威，这是毋庸置疑的，而是它是否像一个国家那样拥有绝对至高的权力，而不受其他国家的干预。我认为在这一点上混淆不清，会使拉斯基（Laski）先生在他有趣的最高统治权问题讨论中的很多推理失去说服力。

拉斯基先生说："正如中世纪国家不得不为摆脱教会的束缚而进行斗争一样，现代国家的排他性也把类似的斗争负担转嫁给了昔日的对手。"① 这里似乎是说，教会正在抵抗国家摧毁其独立性的要求，并且主张与国家拥有同等权威。但是，国家并非要在教会自身领域内摧毁教会的权威，而只是在共同体的利益上规范其行动。就教会是促进宗教生活的团体而言，只要它专注自身，国家就不能正当地干预它。它不能被干预，因为它的武器不是精神的，而是世俗的，但这并不意味着教会可以合法要求拥有无限权威。由于教会的武器可以管辖精神世界，所以如果教会对其成员施加外部压力，就超出了其领域，国家不能允许它如此做。此外，国家必须规范教会财产的权利。国家所宣称的权威并不是绝对最高统治权，而是相对最高统治权，而拉斯基先生似乎把问题看作关于国家的绝对最高统治权的问题了，它威胁到了教会的相对最高统治权。这立即令人想起了最初的困惑，除非我弄错了，否则他一直受这种困惑的影响。他说："教会……被迫寻求保护其自由，以免它变成只是另一种世俗组织的宗教部门。"也就是说，教会不得不对抗国家完全干预其行动的要求。但是，国家并非在这个意义上是至高无上的：它不会，或者至少不应该干预教会的内部组织，除非教会的行动干扰了国家自身的适当领域。这种情况下，国家确实会干预，而且这样做是对的。如果说教会可能拥有被国家否认的权威，并且可以违背国家的法律，这甚至不是在主张教会与国家具有平等的权威，而是在主张教会的绝对最高统治权；因为如果教会在某些方面可以推翻国家的规定，为什么在其他方面就不能呢？那么，国家的权威又算什么？国家的权威会在教会的权威中完全消失。

---

① *The Problem of Sovereignty*, p. 270.

第九章 现代国家分析

因此，我们的结论是，教会和国家在各自领域内都是至高无上的，但两者之间有一个不同之处，即国家虽然不会干预教会的正当行为，但也不会允许它对其公民权利的侵犯，因此当教会超越其适当限度时，国家可能会被要求行使权威。另外，作为维护成员宗教生活的组织，教会的领域比国家更有限。教会在何种程度上开除那些违反教义的成员的教籍，这无须讨论。但是，教会不能利用国家的力量来强制其难以驾驭的成员改变他们的行为。国家是权利的监护人，就这些权利而言，国家不会干涉其权威。因此，无论教会与国家的特殊关系如何，都没有与公认的习俗和法律所体现的权利相悖的权利。因此，国家的最高统治权体现在两个方面：首先，它的权威适用于所有公民，没有例外；其次，它是解决教会与其他组织或个人之间所有争端的最高权威。

我试图指出的国家观念是，主权权力不应该等同于政府，而应取决于全体人民的意志，或者更确切地说，取决于他们的理性意志，而理性意志并不总是与大多数人所认为的相同。针对这一观点，人们提出了一些反对意见，接下来我们需要加以考虑。有人问，为什么要假定国家优于其他所有机构？一个公民可能属于一个教会，该教会的成员包括了其他国家的公民；或者他可能属于一个学者团体，团体成员之间的联系比任何一个国家的公民之间都要紧密；或者他可能属于一个非民族主义的团体或劳工组织。因此，有人认为，共同体的范围比国家广泛得多，而且，并没有理由认为国家比其他机构更重要。事实上，没有哪个机构是至高无上的。例如，教会和国家之间的关系不是从属关系，而是并列关系。毫无疑问，国家为人们提供了享受其他机构提供的那些好处的机会；从政治目的来看，它是最高机构，但并非唯一的机构。在国家之下，有地方政府、省级政府和其他组织。对于这些机构，国家是至高无上的，但对于非政治组织则并非如此。法律和政府的目的是确保公民的秩序和自由，但有很多事情是它们不能干预的，比如艺术、科学或宗教，尽管无须赘言的是，这些领域在没有秩序或自由的情况下无法存在。

如果我已经清楚阐述了以唯心论（idealist doctrine）为基础的国家概念，那么显然可以看出，这里提出的主要论点得到了唯心论的支持，并且已经被该学说的代表人物多次陈述过了。并非任何机构都会体现普遍意志，它只存在于所有组成现代社会的非常复杂网络的机构中，无论是自愿的还是非自愿的。如果我们愿意，可以称其他机构为"共同体"，而不是国家，但是赋予它们不同的称谓并不能改变其性质。我们争论的主要观点并不是政治组织在所有其他组织上具有绝对至高地位，而是它是确保其他机构相互和谐，并防止它们干扰国家作为政治组织专门权利的最终手段。就所有其他机构而言，政治组织并不是至高无上的；相反，其职能在于确保这些机构有充分的自由管理自己的事务——前提是它们互不冲突，且不损害个人的自由。人们承认，一个机构可能从属于另一个机构，这一承认似乎意味着，如此从属的机构最终并不具有平等的权威。不能简单地说，教会绝对独立于国家，因为它可以干涉公民的权利——这些权利不是由教会，而是由国家保障的。同样，在与其财产有关的问题上，也不能简单地认为教会不从属于国家。对财产的控制基本上是国家的范畴。正如已经提到的，国家不能干预公民的宗教信仰，或者至少不应该干预，原因在于国家行动的性质仅限于提供良好生活的外部条件。同样，中央政府也无法决定艺术作品的特性或规定科学研究者的结论——尽管它可以引导科学研究者将注意力转向科学在工业领域的应用——但它真正关注的是，艺术家或科学研究者不得侵犯其同胞的权利。有人会说，难道美国废除一夫多妻制不合理吗，理由是它违反了文明生活必备的条件？或者有人会争辩说，如果教会肆意惩罚那些不接受其信条之人，就不能阻止这种傲慢和不公的做法吗？因此，很难看出新的共同体理论在本质上与旧理论有何不同。国家与地方政府和省级政府的关系也与最高统治权的主张完全不一致。因为议会与国家不应混为一谈。国家是确保公共利益的各种机构的总和，就最高统治权而言，政府由一个中央组织承担还是分散在几个组织中并不重要；不管是哪种情况，最高统治权都不会归属任何一方，而在于共同意志。正如波洛克（Frederick Pollock）爵士所言："主张国家职能最小化的人，没有充分区分国家在一般情况下的行为与其集权行为。有许多事情是国家不能以中央政府的方式做的，或者不能有效地做到的，但可以通过地方管理机构的行动很好地完成。但这是国家直接活动与代理活动之间的问题，而不是国家行动与私人企业之间的问题。"然而，最终的决定权在代表普遍意志的机构手中。中央政府代表公民的终极意志，只要这种意志被明确表达出来，中央政府就是决定地方政府或省级政府职能的终极权威，尽管公民的全部意志能通过社会的所有组织表达出来。调整中央政府与地方政府或省级政府之间的适当关系是一个实践经验问题。重要的是，中央政府不应因细节而负担过重，但与此同时，许多好的措施也可能因地方机构的麻痹大意而无法发挥作用。

从前面的内容可以看出，这并不是要贬低从属机构的重要性。正如鲍桑葵先生明确指出的那样，正是通过这些从属的社会生活形式，实验性和创造性的要素得以在立法中体现出来，中央政府的工作主要是认可社会合作的成果。然而，也正如他所言，整个社会都在国家的最终控制之下，国家包括社会合作的整个领域，它的特殊任务是调整和协调其中所包含的各种机构，使其构成一个自洽的系统。为什么这种观点在把国家与一个民族的整个生活所依据的整个组织集团等同起来时，要被指控犯有某种可怕的罪行，这是很难理解的，除非有人声称绝对不干涉它们。然而，似乎并没有提出这样的主张。可能是因为将国家对其他形式的组织的合法控制——在这些组织中，普遍意志得到部分实现——与一种绝对控制混淆了，后者不仅仅调整它们相互之间和个人权利的关系，而且绝对决定它们的行动，正是因为混淆了这些概念，唯心论才可能暂时被认为与赋予这些下级组织重要性的观点不一致。正如 A. C. 布拉德利 (A. C. Bradley) 所指出的："公民不是简单的集合或聚合体，而是一个组成的有机整体，执行着多种不同的职能，这些职能应该，而且多多少少确实相辅相成，相互交织，从而形成共同的生活，产生共同的利益。"[①] 如今，有成千上万种各种各样的组

[①] "International Morality", in *The International Crisis*, p. 48.

第九章 现代国家分析

织：政治组织、经济组织、宗教组织、教育组织、科学组织、艺术组织、文学组织、娱乐组织等；而这些组织的结合使现代社会与古代社会有所不同，增加了现代生活的强度和复杂性。拥有最高统治权的国家并不是要压制这些组织，相反，它们很高兴这些组织能作为实现更充实生活的手段。只有当这些组织成员的行为对共同利益造成损害时，国家才会试图干预他们，如果这种行为是明智的；但它可能会干预的事实表明，对于自己的公民而言，国家是最终的上诉法院。如果组织成员的队伍中包括其他国籍的人，只要外国因素不损害为公民的共同利益而提供的条件，它也不会反对组织的国际性质，除非该组织的章程与其自身的自治不相容。因此，对于本国公民，国家有完全的控制权。我认为，将一个国家的有限范围与一个共同体的更广范围进行对比是很具有误导性的，因为一国的行动原则超越了自己的管辖领域。例如，工会中不同国籍的每个人都受自己国家的控制，说这个协会是超国家的，就像将与政治不同的内部组织置于国家的范围和影响之外一样，都是毫无意义的。通常，一个国家不会干预另一个国家公民的行为，但它会干预在国外暂住的自己国家的公民的行为，除非他们已经放弃了对自己国家的忠诚。当然，国家是其领土范围内居民利益的监护人，但其行动并不局限于本国领土；它可以制定法律或通过决议，这些法律或决议涉及与其他国家的关系，但这并不妨碍其确保其公民不违反本国法律的权利。因此，在我看来，国家的控制权就像共同体的一样广泛。一个公民如果属于一个国际组织，并不因此就能逃脱国家对他的监督和控制，只要国家有权对他进行监督和控制。

因此，不能认为国家在无限制地规定其公民生活方面具有最高统治权。事实上，黑格尔赋予了国家一种通过其官员行使的权力极大支配个人的权力，这种权力对于英国人、美国人或加拿大人来说是无法忍受的。但这不能说是因为他将国家与社会等同起来——他并不这样认为——而是因为他认为这是实现善良意志的必要条件。黑格尔认为，受过训练的官员，而不是未受启蒙的公民，更能判断什么对公众利益有利。可以承认这一点，但这并不意味着承认社会必须完全自上而下地进行调节。只有在对其他机构的最终调整是必要的意义上，才说国家包括社会的所有机构，理由是必须有一个最终的上诉法院，但这并不意味着赋予国家决定下级机构行动的绝对权利。公民可以自由地组建他们喜欢的组织，并为自己的指导制定规则，这隐含在国家作为实现最佳生活的组织的整个概念中。正是通过各种下级组织的自由行动，共同体内的进步才成为可能，国家的职能不是规定这些机构的行动或阻碍它们的行使，而是在与彼此和谐以及与国家本身协调的前提下在各个方面协助它们。因此，社会的各种机构必须受到国家监督。显然，根据这种观点，没有人声称要捍卫一种规范生活各方面的绝对主义。相反，社会主义者肯定会说，所概述的理论之所以错误，是因为没有给社会留出足够的调节权力。

认识到国家不能等同于政府，政府只是实现国家内各种组织和谐的工具，这是很重要的。正如鲍桑葵先生所说："国家囊括了决定生活的所有层级体系，从家庭到行业，再从行业到教会和大学。它是赋予政治整体生命和意义的结构。"这对我来说似乎驳斥了柯尔(G. D. H. Cole)先生的批评,他正确地指出,卢梭反对任何形式的特定联合,而现代联合的特征是职能的特殊性。[①] 但是,柯尔先生的意思是将这些组织排除在国家之外,而唯心论的观点是,它们是完整表达普遍意志所必需的。这种对立似乎意味着国家仅指政府机构,因此国家作为一个联合体与其他非政府组织形成对比。但是,如果我们把国家理解为表达普遍意志的所有组织,这种对立显然是不可接受的,因为它将整个组织系统的一部分,即政府,与整体等同起来。诚然,一个国家的政治组织必须与整个国家作为一个整体区分开来,前者的特殊职能是调解下级组织之间或与自身之间的冲突。这样的机构是必要的,除非我们愿意说这种冲突可以永远不解决。而且,在这种观念中并没有什么可以阻止任命特别委员会来帮助调解下级组织之间的分歧;如果其他方法最终不那么有效,它们最终必须受到政治组织的约束。因此,对这种观点提出"特定组织的存在就足以证明国家无法充分表达人类的联合意志",并不构成真正的反对意见。如果我们将国家与政府机构等同起来,这当然是正确的,但在将这些组织视为其自身组成部分的理论上,这种观点显然是不恰当的。柯尔先生说:"所有的社会机构,无论在它的一致性还是在它的冲突方面,都是一个共同体所拥有的普遍意志的部分和或多或少成功的表达。"这一点可以立即得到承认,但它并不影响刚刚提到的,最终效忠的对象是普遍利益的理论。这当然意味着政府对选举它的人负责,

---

[①] *Proceedings of the Aristotelian Society*, vol. xv. p. 144.

从这个意义上说，并不要求个人"用一种超越和不同于其他忠诚的方式服务国家"，但个人必须遵守普遍意志。毫无疑问，确定这种普遍意志在哪并不总是容易的。但人类的整个历史就是发现的过程，可以假定，虽然这个过程不能导致绝对的理解，但它至少处于一个组织良好的状态，并至少在朝着这一方向发展。如果否认有任何机构可以最终表达普遍意志，我们就把所有组织放在了同一水平上；这导致人们认为各种形式的有组织生活只是作为一个松散的联盟联系在一起，没有办法调整它们之间的冲突。

柯尔先生认为，当超越特定国家的内部事务时，我们会发现个体和群体之间存在超越单一国家边界的关系，"宗教、工业、艺术、道德等领域都是跨国组织的例子，它们产生的义务可能与对一国的忠诚相冲突"①。这个观点的合理性似乎建立在将国家与政府等同起来之上，并且基于前者仅限于关注特定地区事务的假设。然而，我们认为，国家不是政府，而是通过它实现普遍意志的整体组织体系；仅仅是因为在其正常职能的行使中，它为局限于特定领域的人民制定法律，而将它看作局限于某个特定领域的观点是错误的。正如我们所说，一个开明的国家不会试图在宗教事务上强制个人，也不会以任何假定的道德标准限制艺术的自由创作，在处理贸易和商业问题时，它将不得不考虑到人民的经济状况——我相信，如果认为国家必须自给自足，就能令贸易和商业问题得到令人民满意的处理，那将是对人民利益的彻底误解。然而，尽管所有这些是正确的，

---

① *Proceedings of the Aristotelian Society*, xvi. p. 313.

也并不意味着在宗教机构、工业和艺术方面就没有进行有效控制的空间。国家在一个明确的领域内是至高无上的，在这个领域内，无论是教会团体、工会，还是艺术家组织，都不能违反对公民最佳生活至关重要的条件。在它们自身的领域内，这些组织不会受开明国家的干预，但同时，它们也不会被允许威胁国家的存续。国家有权决定贸易和商业的条件，只要这符合整个国民的利益。一个开明的国家不会通过这样的法律，即那些想当然地认为其公民的经济利益与其他国家公民的经济利益冲突的法律；其原因在于，这样的立法既不符合本国公民的利益，也不符合外国人民的利益。此外，如果政府相信相反的原则，即对其本国公民有益的事情会对其他国家的公民造成伤害，那对此没有其他解决办法，只有启发人民才可能会产生更理性的行动。同时，没有国家可以被阻止通过损害自身和其他国家的限制性法令。这只是从不太合理的行为方式向更为合理的方式发展的一部分，与限制或不限制国家权威无关。艺术方面的问题也具有类似性质。如果一个国家，不管对错与否，将某种艺术形式视为与其人民的道德利益相抵触，那么它就有权基于这个理由对其加以限制。毫无疑问，这是一个很容易出错的领域，但这并不证明国家权力具有至上性，因此应受到限制，这只能表明国家应该开明。

正如我们所见，个人主义认为人一直在追求自身的利益。如果这是指人始终在努力实现自己本性的完美的话，那么这种说法就非常正确；但如果认为人不是在追求客观目标，而只是在追求与那些目标相关的快乐的话，那么这种说法就不正确。

如果人的利益可以从所追求的目标的特征中抽象出来，并且仅仅通过询问可以获得多少快乐来确定，那么可以合理地认为，由于每个人对他想要的东西都有自己的想法，任何对他想要的东西的外部干扰都会挫败这个目标。因此，个人主义者自然反对国家的干预，理由是它阻止了他追求他所相信将为他自己和他人带来最大快乐或幸福的目标。的确，个人主义者有时比他们的理论更好。正如我们所知道的，穆勒认为，一个人可以为了一种理想而牺牲他所认为的个人利益。但这实际上否定了边沁发展的享乐主义信条。根据个人主义原则，如果我相信我的利己欲望将给我带来最大的幸福，那么就无法证明它与我所谓的利他欲望一样正当；因为正如边沁所认识到的，没有哪个直接的欲望可以是真正利他的。如果一旦承认只有通过追求共同利益才能真正获得最大的满足，显然，在享乐主义的原则下，我通过这种方式追求我能够达到的最大幸福只是在表现我的聪明才智，但这并不使我的行为在道义上比我的利己主义欲望而不是利他主义更好。因此，具有普遍约束力的道德消失了。人们认为，个人必须自由地追求他的欲望，无论这些欲望是导向利己还是导向利他。基于此，他绝不能以任何方式受到胁迫；从这个逻辑上得出的结论似乎是，不应该对个人进行任何干涉。

唯心论的出发点是一个对立的原则，即个体利益与共同体利益是一致的。人们认为，人的本性决定了他只有在个人利益与共同体利益一致时，才能获得持久的满足。但这并不意味着他在某些情况下不得不牺牲自己的快乐，因为这与他存在的真正目的不一致。尽管他放弃了自己的即时欲望，正如穆勒承认的那样，他也会找到一种更高层次的满足。既然如此，他很清楚不能反对国家干预，这种干预不符合他的私人和特殊愿望，但与他自己明确或隐含的理想一致。国家的法律很可能与他自己的真正意志一致；如果不一致，这些法律就会被谴责未能实现其目标。这既解释了服从国家一般法律的习惯，也解释了对那些与自己的理想不符的实际的或提议的法律的反对。因此，在国家实行那些符合他内在意志的行为时，就好像他自己直接制定了法律一样。这些法律的强制力并不受它们是否由他本人直接制定的影响，只要它们符合他明示或隐含的意志。因此，一国的法律总体上是对人类生活中至关重要的目标的表达，社会的所有制度都具有这种性质。这些制度就像个体的习惯一样，是社会在特定时期达成的关于实现有组织生活的最终目的所需条件的结论的具体体现，这个最终目的并不是个别个体的利益，而是所有公民的利益。成文法是一个民族对什么是为了所有人的利益的概念的明确表述。现代国家的规模使得每个人都无法亲自对拟议中的法律表达同意，但即使能够直接获得每个人的意见，也不能确立它们对个人的义务。使一项法律具有强制力的唯一因素是，它是否与共同体的真实意志一致，个人的反对或同意既不能证明也不能证伪法律的合理性。

公民的利益与人类的利益并不对立；相反，通过为一个民族提供实现更好生活的外部条件，人类事业得到最好的推进。因为每个国家都有其独特的任务，这源于气候、经济、宗教、艺术和科学关系的差异。这些差异在不同国家间存在，使得每个国家必须以符合本国利益的方式制定法律；但认为这些利益与其他国家的利益冲突，则是错误的。人类有机体不要求各国具有相同的特性，就像一个国家的制度也不要求各地区一致；国家的个性对于人类的全面发展至关重要。由于人类一直在追求最高的道德善，或者在特定条件下实现其本质，因此国家的目标是在其监督下为个人提供自由发展的保障。在这个意义上，国家具有道德目的。国家的目标是追求个体的最高利益，它不能因为人们有权利去做对他们个人幸福来说是必需的，或者看似是必需的事情而被劝阻不干预个体的行为。个人与共同利益不同，不是行动的合法目的。正如亚里士多德所说，人是一种社会和政治存在，公共行动的界限是由共同利益决定的，而公共利益不能通过无限的干涉来保证。国家不能直接促进道德，因为道德关乎意志和动机，尽管它可以确保对法律的外在服从，但它无法深入人心。但是，受制于这种限制——这种限制本质上是道德的，因为任何直接促进道德的尝试只会削弱或阻止它——任何符合共同体利益的法规都可以被通过。因此，国家是一个道德行为体，尽管不是直接的。在康德之后，有人说，它的目的是"阻碍障碍"（hinder hindrances）。毫无疑问，这可以被看作它的基本功能，但更好的理解是，它的功能是通过一切合法手段促进其公民的身体、心理和道德福祉。根据这一原则，制定预防疾病的法律完全符合其目标。同样，可以认为它有权通过诸如《工厂法》等促进个人身体健康的法律，更不用说努力提供这样的生活条件，使得所有公民都有机会过上体面的生活。它的任务之一是确保儿童不会在无知中长大，以至于后来无法履行良好公民的职责。因此，国家所保障的自由既是促进美好生活的积极努力，又是确保这一目标的明确而系统的尝试。任何不能促进共同体中每个个体最充实生活的手段都不能被认为是好的，任何能促进这种生活的事物本质上都是好的。

一个真正意义上的国家不能受另一个国家的支配。一个国家必须自治和自我管理，如果受到干涉，它就不再是一个国家。这并不意味着它不能接受外国的建议，但它必须自由地接受这些建议，而不是受外部压力迫使接受。再者，自由或自治也不意味着一国必须只考虑自己的私利，甚至寻求对邻国造成伤害。自治中没有任何东西会妨碍对人类整体最为有益的最广泛构想，除非我们假设对人类最有益的事物必然与特定国家的利益冲突。很可能一个国家的利益与人类的最大利益是一致的。如果国家的行动能够同时促进人类的最大利益，这一定是因为存在一种理性的意志，这是共同体最优秀思想的表达。如果没有这样的意志，那么就既没有一个单一的国家，也没有不同国家之间和谐的可能性。很明显，国家的道德并不等同于个人生活的道德。个人生活包括"丈夫、儿子和兄弟的友善慈善行为"，以及基督教文明中隐含的所有行为；而国家对本国公民的职能是通过其条例使这种行为成为可能，而不是强制执行。另外，国家不能做某些行为，否则就会违反其对人类的责任。由于国家的道德与个人道德不同，它不能抛开一切顾忌，实行其代理人认为必要的任何欺骗、残忍或暴力行为。鲍桑葵先生说："国家自身没有别的目标，只有公共目标；实际上，它除了其机构所设想的公共目标外，什么都没有。如果一个代理人甚至在执行上级命令时，为了他认为国家所期望的公共目标采取了一种违反道德的行为，那么他和他的上级当然是应受责备的，但是几乎不能将这种不道德行为归咎于公众的意志……把这个问题说成是政治家及其代理人的行为，而不是侵犯一个国家本身的行为，似乎会造成混乱。我们正在讨论公共行为和私人行为之间的相似之处，我们被要求首先将公共行为视为私人行为。"①

接受这种观点的困难在于，通过一个奇怪的程序，它似乎把所有责任都从国家身上剥离了出来，强加给了它的代理人。的确，一个代理人可能会被他的上级命令去执行一项违背他良知的行为，比如屠杀无辜的平民，包括妇女和儿童。如果我对鲍桑葵先生的观点理解正确的话，他可能会认为国家不应负任何责任。无疑，一个士兵在上级的命令下可以违背良知，这是一个有关良知的伦理学问题，这无须讨论。但是，假设上级是在政府的授权和明文命令下行事，我们是否可以说政府不负责任，并且"几乎不能将这种不道德行为归咎于公众的意志"？然而谁该负责呢？显然不是"公众的意志"，那么就应该是国家。但毫无疑问的是，尽管我们可能认为我们必须追究政府下属的责任，但同时我们必须追究政府领导人的责任，下属不过是政府的工具而已。确实，政府的行动来源于人民的意志。这符合鲍桑葵先生的国家理论，否则就很难找到政府的权威来源。如果有人回答说政府没有得到"公众的意志"的授权来进行这种暴行，因此在任何方面都无可指摘，那么这似乎在要求我们承认，政府既是人民的代理人，又可以独自承担责任。这样做摧毁了实施"公众的意志"的可能性，并似乎导致了这样的结论：

---

① *Phil. Theory of the State*, p. 322.

一项行动可能与普遍意志抵触，但并不能由其代理人负责。当然，政府可能会违背"公众的意志"行动，但在这种情况下，它必须对人民负责。因此，只要人民没有对所提到的行动表示异议，他们就必须对此负责。毫无疑问，这种行为与国家的"真实意志"不一致，但我们不能将真实意志与任何特定时期的实际意志等同起来。因此，我们得出的结论是，这违反了人民的真实意志，而不是实际意志。国家被免除责任，是因为不能指望它能够支持这个理想。如果承认这个显而易见的事实，那就必须根据国家的实际意志而不是其理想意志来评判它。由于其实际意志被视为由政府表达，或者根本没有被表达，那么，显然可以认为公众意志对所指的行为负有责任。因此，当鲍桑葵先生说这个问题涉及国家意志本身时，我认为他必须要么将这种行为视为国家的责任，要么认为这种行为根本不应受到责备。他会不会说屠杀无辜平民与国家的理念一致呢？如果不是的话，很难看出他如何能够免除"公众的意志"而不承认这种行为完全在其合法范围内。如果这些行为确实违背了公众的意志，那么责任无疑必须由其他人承担；但如果这是政府的行为，而政府是人民的授权代表并表达其实际意志，那么就应该认为真正该负责的是人民，而不是直接的执行者。强调区分下级代理人的个人行为和国家的公共行为并没有实际意义，因为这并不能说明国家免除了所有道德义务，只能说明国家的行为与个人行为有所不同。

因此，国家必须被视为一个有组织的人类社会，不能因为它与个体公民的区别而被认为实施背信弃义、欺诈、各种暴力

220 行为和对无辜平民的残酷行为是合理的。即使在战争中,也有一个国家必须遵守的道德准则。处于战争状态的国家不应该与敌人达成正式停战协议,然后残杀信任他们的敌人,使用毒药、冷血地屠杀非战斗人员、折磨战俘等,这些都违反了文明国家的惯例。公认的并被文明人民接受的公共道德标准非常高,违反这些战争条件的国家不仅违背了明文承诺,而且违反了公共道德,而不仅是个人道德。国家约束自己不杀戮、破坏或欺骗,除非它承认敌人有理由做同样的事情进行报复。此外,不容忽视的是,作战方不仅在公平上不能采取与他承认敌人有权采取的行为不符的行动,而且每一次违反公认的国际法准则都是对人类通过漫长而缓慢的过程制定的人道行为的无法估量的削弱。而且,除了适用战时协议外,我们还必须记住,国家之间的正常关系不是战争,而是和平。毫无疑问,一个人对陌生人的责任不会与他对亲近朋友或亲戚的责任完全相同,但这并不意味着他对其他国家的公民毫无责任。他的责任是保卫自己的国家,他没有义务保卫别国;然而,他对其他国家的居民也有责任,这种责任源于他们同为人类社会成员的关系。如果他与另一种族的人打交道,他和国家都不能免除遵循公正和光荣行为的责任;而且,如果他在与文化较低的种族打交道,根据任何可辩护的道德体系,都不能允许他把他们视为没有权利和没有感知

221 能力的对象。他们也有权利,虽然不是和他自己相同的权利,而他的义务应与这些权利相对应。将他们仅仅用作自己获取利益或享乐的工具,是完全不道德的。他统治他们的唯一辩护方法是,他处于文明的更高阶段,他的责任是完全地统治他们,

以期逐步使他们有可能将自己提升到更高的层次。一个国家和整个人类的真正政策是采取行动，以配得上诚信、公正和和平的声誉；并且，虽然承认可能会被要求为了自身存在而发动战争，但至少在战争中也要遵循国际法的公认准则，这些准则最初由格劳秀斯制定，并在过去3个世纪里由法学家和政治家进一步发展。

第十章
权利体系

为了理解善良意志，需要一个权利体系。社会的最终目标是追求最好的生活，每个人都必须承认他的邻居有权像他自己所要求的那样自由发展。这种要求的正当性并非建立在任何虚构的"自然权利"之上，而是基于一个合理的主张，即一个人如果没有在公认的外部条件下自己生活的自由，他就没有能力为共同利益贡献自己的一份力量。一个人拥有的权利是由社会承认的，但并不是因为它们如边沁所言是由立法确定的，而是因为它们对于共同利益的发展至关重要。权利的拥有和社会对其的承认并不是两回事，而是同一回事；因为个体主张权利是由于它是共同利益的一部分，国家承认他的权利是由于这些权利有助于实现所有人的最高利益。我们可以说，国家有责任保障个体的权利，任何未能做到这一点的国家都没有履行其基本职能。因此，我们必须区分实然国家和应然国家。在履行其适当职能的国家中，权利得到了承认并体现在其法律和宪法中，但这种承认并不是权利产生的原因；权利属于作为道德能动者的人，他们的意志通过这些权利实现。如果愿意的话，我们可以认为权利是"自然的"，只要我们不认为它们属于孤立的人。正是共同的道德意识，而不是任何法律上的规定使得这些权利

第十章 权利体系

具有正当性。

根据情况的性质，权利必须得到执行。它们得以执行的权力是什么？它不能仅仅基于武力，而只能基于这样一个理性基础，即它提供了实现善良意志的条件。最高统治权的权威不是个体或某个阶层的个人意志，而是共同意志或理性意志——个体在最理智的状态下所承认的意志。因此，共同意志不仅创造了权利，也创造了维护这些权利所必需的最高统治权。归根结底，普遍意志至上。这个简单的原则被名义上的、合法的和最终的政治统治权之间的混淆所掩盖。首先是立宪君主，在英国是国王，在法国是法兰西共和国，在美国则是联邦政府。其次是最高立法机关，在英国是议会。最后是普遍意志，它由个体运作，但比个体权力强大得多，也是权威的最终来源。法律统治权的权威来源于最终的政治统治权，后者通过代议制机构和其他方式表现出来。因此，最终是普遍意志至上，法律统治权的责任是发现这个普遍意志是什么。另一方面，人民只有在愿意服从一切政治行动的真正目的时，才能被称为统治者。因此，普遍意志或理性意志创造了权利，创造了维护这些权利的规则体系，并创造了一个职责在于宣布和执行法律，维护体现权利的机构和谐运作的统治权。

或许有人提出异议，认为人民不能是最终的统治者，因为理性意志在普通公民身上并不明确存在。针对这一异议，我们的回答可以如同格林所说的那样，即这种意志的意识实际上隐含在那些不属于危险阶层的最普通公民的行为中。他承认存在某些道德义务对自身具有约束力，而最高统治权的权威之所以存在，是因为它有助于实现确保共同意志实现的目标，个体对自己道德义务的承认实际上就是对服从法律义务的承认。现行法律的不完善程度涉及其他问题，但无论国家的特殊形式是什么，只要它实际上实现了理性意志，它就是一个国家。与此同时，重要的是要坚持认为，国家只有在代表共同体意志的情况下才能合法地对个体采取强制手段。

然而，也可以说，将国家视为理性和意志的产物忽视了这样一个事实，即人并不总是出于对其行为所能实现的社会善而行动。他生活中的很大一部分包括了对他的即时冲动和本能行为的表达，因此，有人可能会主张，将社会的发展归因于明确的思想和意志是对事实的扭曲。从人的天性来看，人在很多方面都是通过暗示、联想和习惯受到影响的。人们并不是在明确寻求共同利益，甚至不是在寻求个人利益。人类远比这个对他的行为进行截断性描述所要求我们相信的要复杂得多。在《政治中的人性》(Human Nature in Politics)中，华莱斯(Graham Wallas)先生说："政治只是在很小程度上是有意识的理性的产物；它在很大程度上是一个潜意识过程、习惯和本能、暗示和模仿的问题。"因此，他将大部分人类行为归结为感觉和冲动。他说："人类像其他动物一样，生活在无尽的感觉印象流(sense impressions)中。"我们把注意力集中在印象流通过联想引起的类似事物上，这会引发一系列印象。对大多数人来说，名称有很大的影响力。这就是对政治家的成功的解释，他通过政党手段、政党颜色和政党标语来利用普通市民的敏感性。"政治的经验性艺术很大程度上在于通过刻意利用潜意识的非理性推断来制造舆论。"的确，名称的这种暗示性可能会带来好处；也许有一天，人类的名字将充满情感，"我们物种整体存在的观念可能会取代当前有限的'国家'和'政党'观念"。选民将不再被各种各样的"建议"催眠，通过这些"建议"，他们被引导去促进某个政党或组织的利益。

经仔细审视，华莱斯先生在感觉和冲动与思想和理性之间的对比是站不住脚的，在感觉和思想之间并不存在他所假设的对立关系。除非通过不合逻辑的抽象过程，否则不会找到纯粹的感觉或单纯的冲动。当一个人感知一个物体时，他已经超越了纯粹的感觉阶段，而是已经进入了把这种感觉指向实际物体的阶段。因此，我们不能将感性感知等同于单纯的感觉。人并非真的"生活在无尽的感觉印象流中"，他所"生活的环境"是一个大体定义明确的实体世界。如果一个人的生活仅仅是一系列感觉印象的话，他的世界就永远不会变得更加复杂，因为简单地说，他根本就不会有"世界"。意识生活的最简单形式是，客体与主体相对立，这种对比使他超越了"感觉印象流"。从最初的对一个几乎没有特征的物体的简单对比，到科学、宗教和哲学的最复杂世界，人类已经超越了华莱斯先生所假设的无差别感受的阶段。正是通过意识对象之间的不断比较，他建立了自己的世界。习惯也不仅仅是将感觉互相关联，它是对物体经验的结晶。一个感觉永远不会"引发"另一个感觉，被引发的是物体的相似特性或关系。没有比一种感觉唤起其他感觉更伟大的抽象虚构了。同样的，华莱斯先生所奉行的唯名论是一种浅薄且错误的理论，其缺陷经常被指出。正如没有一系列连续产生的不同感觉一样，名称也不是贴在一系列感觉上的标签。名称是物体永久特征的标志，它由思想掌控。在我们所知道的世界中，不存在孤立的事物，就像不存在孤立的感觉一样。一个概念不是一系列单独事物的共同属性的抽象，而是指示了思维对事物如何在宇宙中相互联系的原则的把握。"国家"这个名称是一个民族在其整个生活方式中表达的精神象征。因此，我们不能将感知与思想分开，就像我们不能孤立感觉一样。思想包括把握感知中体现的原则，如果将其分离，它就没有了真正的内容。引力定律不是通过对许多孤立事物的简单比较形成的抽象，它是体现在事物中的真正原则，没有这个原则，它们根本无法存在。因此，当我们认为人类的历史是理性过程的表达时，并不是指在所有情况下，制度都是某种抽象过程的刻意结果，其中制度被置于思维前面，然后寻求实现它们的方法。政治制度存在于对其性质有明确的反思意识之前。如果人类的整个生活确实是对现实世界和自身的理解，那么他就不能摆脱理性的无形引导，否则就不再是人。如果我们不假设理性不仅仅是直接的推理，那么社会的制度怎么能够实现人类的目的，并显示出一个理性的体系？如果不是这样，我们怎么能解释人类生活通过各种形式的组织而取得的进步，使其不断提升至更高的效能呢？如果不是这样，怎样才能实现华莱斯先生所设想的一个时代，即"人类"这个词可能意味着"我们物种的整体存在"的时代呢？正是因为意识到生活的不同方式中存在理性，社会才通过一个缓慢的试错过程提升到了现在的地位，而只有继续这个过程，社会才能进化到更高级的形式。如果将人生活中的理性领悟抽离出去，就会只剩下一堆毫无联系和意义的偏见和习惯。普通公民的许多行为的确是习惯和模仿的结果，但即便是这些习惯和模仿，也是一个永远追求合理存在的习惯和模仿。一个人无法解释他所有的行为，并证明它们是合理的；大多数人只能看到他们认为显而易见的职责，但在他们接受民族的惯常生活方式时，他们受到了他们认为是正确的，而且大体上是对的观念的引导。因此，可以合理地认为，即使在理性没有清晰意识到或无法在明确的理性基础上进行辩护时，它仍然是支配原则。普通人可能会被政党口号误导，但可以肯定的是，误导他的是来自"天堂之光"。对他来说，"国家"意义非凡，如果他因将国家利益与他所属政党的利益混淆而往往误判，这并不意味着他根本不是出于理性行动，而只是他将部分合理的，甚至是有害的行为误认为是真正理性的行动。正如柏拉图所言，他的真正意志是去做合理的事情，无论政治家的罪行如何，他们总体而言都受到了实现共同利益理想的引导。朝着这个理想，人们不断前进。正如霍尔丹（Haldane）勋爵在他关于《高等国民性》（*Higher Nationality*）的卓越演讲中提到的，一个民族的习惯行为可以被视为记录了已经取得的进步，即使普通公民的良心尚未达到同样的水平；法官的裁决在很大程度上受到了国家中更广泛意识的影响；在像目前的战争这样的危机中暴露出来的英雄主义和无私精神，出色地表明了向更高的生活观念的迈进。因此，我们可以从反思中得到安慰，那就是，除了在向无私、合理和人道的善进化的过程中，没有什么能永远满足人类。

如果法律确实源于全体人民的意志，那么可能有人会问，全体人民或个体是否可以拒绝遵守一项看似与共同利益相悖的法律。一个由国家内的某个政党制定的法律，也许是由在不同议题上当选的政党通过的，是否可以被反对或抵制呢？抵制一项看似与一般利益不相容的法律，难道不是合理的吗？个人的良心可能比国家法律更高尚。在废除奴隶制之前，社会良心已经实质性地认识到奴隶法律的不公正，因此这些法律无法得到适当的执行。这个例子似乎为我们提供了一个原则，我们可以根据这个原则将一个民族的真实意志与实际存在的法律区分开来，并且可以恰当地争辩说，这不适用于共同体尚未达到实际上否认现有法律的程度的情况。只有在新规则无法被证明是现行法律或习惯的必然结果时，才可以合理地抵制提议中的法律。

国家创造和维护权利，因为它是共同体共同意志的具体体现。我们可以将权利定义为个人对他人的要求，这种要求被国家承认，而道德权利则是个人对他人提出的，国家并不会干预。所有权利的正当性在于，它们能促进整个共同体的利益。即使是像西季威克（Sidgwick）这样的个人主义者，在他宣称一个人可能需要"为了国家的利益或福祉而牺牲"时，实际上也承认了这一点。然而，一个共同体的利益与其成员的利益是一致的，因为脱离了某种共同体，个人就没有理性目的。共同体本身是不断变化的，而每次成员范围的扩大都会影响我们的道德判断。对自然权利的诉诸只有在被解释为对社会有益的诉诸时才是安全的，这不仅需要考虑到对特定共同体现有成员直接便利的事情，还需要考虑到共同体相对于整个人类的福祉。

第十章 权利体系

是否存在一种不可剥夺的生存权？除了拥有一个让个人为了共同利益而行动的意志之外，不存在这种权利。由于每个人都有以实现共同利益为目标的能力，生存权与他在国家中的地位紧密相连；但由于一个人也有可能成为任何国家的一员，他作为人拥有自由生存的权利，这种观念是逐渐形成的。在原始时期，人们并不承认另一个部落成员拥有任何权利；随着不同部落联合并形成部落共同体，这种权利才被扩展到共同体内的所有成员。因此，即使这种权利的扩展被承认为属于公民，奴隶仍然被剥夺了这种权利，而完全受制于他的主人；只有随着罗马衡平法体系（Roman system of equity）的发展，受到斯多亚学派关于包容所有人的自然法理念的影响，以及逐渐认识到基督教思想中奴隶制度与所有人在上帝眼中平等的理念是不相容的，最终人们才认识到所有人都享有同样的生命权利。由于这种权利只有在作为个体在服务社会中自由发展的条件下才具备合理性，因此似乎可以得出结论，社会应该通过立法确保每个人都有条件发展其为社会提供公共服务的能力。

通常认为，在战时，无论战争的原因是什么，生存权和自由活动权都会被暂时搁置。需要拯救国家免于毁灭，或者履行国家对其他国家的义务之时，是战争唯一能够暂时剥夺人们的生存权和自由的情况。国家的职能是建立和维护使最好的生活成为可能的条件。因此，除非国家面临灭亡的威胁，或者在遵守条约义务方面涉及违反国家荣誉，否则无论何种原因，都不能正当地要求暂时废除所有人的生存权，作为他们为了共同利益作出贡献的必要条件。大多数战争并非因为国家的存在或荣誉受到了威胁，而是源于王朝的野心或民族虚荣心，这种战争是没有道理的，也不能主张在生存的基本条件受到威胁时，生存权必须让步。任何国家都不能够忽视人的权利，尽管在当前条件下，某国可能被迫发动战争来保卫自身免受灭亡，或者履行对其他国家的义务。战争总是错误的，尽管并不总是清楚应该把责任归咎于谁。随着各国越来越意识到他们对人类的责任，并且立法不再只考虑他们自己人民的利益，或者说不再只考虑他们所谓的自身利益，消除战争的可能性就会更多，人类生命被废除的可能性也会变得更小。

个体是否有自由权利？我们必须明确自由的含义。没有什么权利是简单地允许一个人做任何他想做的事情，而不考虑他打算做什么。自由是根据可以做的事情是好是坏来评判的。因此，自由的恰当意义是，每个良好管理的社会都应该尽可能为所有成员提供发展他们天赋和能力的机会，前提是不损害彼此或整个共同体的幸福。人们并不总是能认识到真正积极的自由在多大程度上取决于复杂的社会规制，尤其是强大而开明的政府。自由是机运的本质，因为个体的自我发展是法律的产物，而不是能够独立存在于国家行为之外的事物。从智力发展的积极意义讲，思想自由意味着至少在共同体的某些阶层存在良好的教育制度，较高水平的智力文化，以及对广大公民来说的一个令人满意的职业发展的可能。

很明显，在一个管理良好的国家，绝对的契约自由权利是不被允许的。这样的权利意味着，即使这一契约是在犯罪或反抗自己也要执行。因此，如果某些契约可以被拒绝，就意味着国家的职能之一是通过拒绝允许对违反契约的行为提供法律救济来阻止或禁止某些类型的契约。

是否允许对现有政府使用武力？对实际生活条件的所有干涉所带来的破坏使得有必要考虑，在给予起诉公正的情况下，是否有合理的机会不仅推翻现有的政府或宪法，而且用更好的东西代替它。除非反叛者的良心确实比现有国家的更好，否则就没有反叛它的权利。这个原则适用于所有对拟议措施的反对。只有在所有宪法手段都经过尝试并失败，或者因为政府诉诸这些手段不可能时，反叛才完全可以合理化；即便在这种情况下，我们也必须始终追问自己，我们所遭受的祸害是否真的大到使我们必须冒动荡和流血的风险。

正义要求法律面前人人平等，这种平等是将每个人视为个体的必然结果。另一方面，政治权利的平等无法用这种抽象的方式确定。政治权利扩大到所有达到一定年龄的心智健全的人的主要原因是，行使政治权利具有不可估量的教育价值，对实现共同利益至关重要。出于这个原因，似乎没有正当理由将妇女排除在选举权之外；此外，她们对性别生活的特殊了解必须成为决定许多社会问题的重要因素。所有社会和政治规定的目标，始终是确保共同体的最大利益，毫无疑问，将选举权扩展到所有成年人将有助于实现这一目标。但是，只要社会条件的不平等阻止或使公民的所有潜在能力的发展变得过于困难，那么只扩大选举权就不够充分。因此，必须实现机会均等。很难说恶毒父母的孩子与在一个受人尊敬的家庭中长大的孩子有平等的机会，尽管义务教育制度毫无疑问倾向于减轻这种不平等。

234　儿童接受教育的权利必须与生命和自由权利放在同等基础上。不能允许父母剥削他们的孩子，以至于阻止他们潜在能力的实现。共同体的幸福只有通过国家接管家庭无法履行的职能，并以更好的方式履行这一职能才能得到保障。

　　基于人格的抽象观念的财产对自由实现更高生活至关重要，它是实现这种生活的外部工具。财产的实际分配必须取决于共同体的总体社会安排。一般而言，任何使共同体中的大部分人几乎不可能拥有财产的安排都不合理。如果我们承认私人拥有财产的权利，那么我们就不能公正地反对将财产积累成资本，用于生产商品的目的。财产不平等与共同利益是相协调的，无论如何，很难看出在任何允许竞争自由的共同体中如何防止这种不平等。老一辈社会主义者认为，人们应该根据他们的能力分配利益，这对更高的文学、科学和哲学追求的发展而言是致命的。同时，立法应该考虑到为每个人提供可能获得财产的机会，因为正如黑格尔所说，没有财产，一个人无法成为一个完整的人。因此，国家有权干预任何妨碍广大公民获得财产的事物。的确，英国现行的土地财产制度是否对工人阶级公正值得怀疑。在这方面，土地与资本不同，一个人拥有土地就意味着其他人被剥夺了这块土地，而资本的拥有者以及在资本监管下
235　工作的人都能从中受益。导致一类人没有土地的土地财产制度需要一些调整，因此国家应该对土地财产的权利进行一定管控。

　　与任何限制契约权的提议相比，社会主义者只有一个答案：他说，试图通过对资本主义国家运作条件进行不尽力的监管来确保公民的福祉是徒劳的。问题不在于不完善的安排，而在于

资本和资本主义劳动的制度，只有彻底解决问题的根源，才能取得真正的进展。正如费边主义者所说："无论50年前的国家控制意味着什么，它从来就不意味着对私有财产本身的敌意。现在，对于我们，以及我们所能看到的未来而言，它意味着这个，别无他法。"① 社会主义或国家控制的来临被认为是不可避免的。"一个国家的政治权力和政治组织已经逐步服务于个人目的，直到今天，最大的劳动雇主之一是一位王室大臣（邮政总长），几乎每一个可以想象的行业都在某个地方由教区、市政府或国家政府自身经营，没有任何中间人或资本家的介入……除了我们的国家关系、陆海军、警察和司法机构外，共同体现在在这些群岛的某个地方，自己运营着邮局、电报、小商品运输、货币铸造、测量、货币和纸币发行的管理、重量和度量衡的规定、街道和桥梁的建造/扫除/照明/维修、人寿保险、年金的发放、造船、股票经纪、银行业、农业和放贷。它为我们成千上万的人提供了从出生到埋葬的服务——助产、育婴、教育、食宿、疫苗接种、医疗、药品、公共礼拜、娱乐和安葬。它提供并维护自己的博物馆、公园、艺术画廊、图书馆、音乐厅……市场、屠宰场、消防车、灯塔、飞行员、渡口、冲浪船、公共浴室、洗衣房……牛场等等。除了直接取代私营企业之外，国家现在还登记、检查和控制了几乎所有尚未吸收的工业职能。"②

然而，尽管国家对社会的控制力增加了，但并不意味着我

---

① *Fabian Essays*, p. 208.
② *Fabian Essays*, pp. 47-48.

们必须赞同社会主义的观点，即社会必然趋向于国家完全吸收所有生产资料。毫无疑问，国家和地方政府的所有权得到了很大扩展，但人们忽视了，无论这种扩展多强，它都预设了私人企业的存在以及对公共产业进行不断试验和改进的必要性。如果去除了这个基础，那么整个拟议中国家主导的产业体系就会发生根本变化。在现有条件下，城市和国家的职能与个人企业之间存在着不断的相互影响。对某些生产形式的控制，只要它成功地实现了节约，就会使国家获得更多用于生产的资本。因此，认为所有形式的产业完全由公共机构进行监管是安全的这种假设是站不住脚的。任何在这个方向上的新举措都必须经过仔细审查，并且在经过实践证明其成功之前，应该采取试行的方式。因此，我们必须根据其自身的价值来审视社会主义废除所有私人资本的提议，而不是轻率地进行危险的预测。

早期的社会主义形式——如由傅立叶（Fourier）及其学派所代表的那样——认为，目前的竞争体系并不能创造出像资本的共有制那样多的财富，并且由于其错误的分配方法，它浪费了所生产出来的财富。圣西门的追随者则认为，所谓的私人财产权实际上只是在主张一种不劳动就能获得收入的权利。资本家和土地所有者利用他们的垄断地位，强迫工人将他们生产的大部分产品让渡给他们。"如果人对人的剥削不再具有古代特有的残酷一面，那么它就更加真实了。工人不像奴隶那样是其主人的直接财产，他工作的条件是由契约确定的，但是这个交易对于工人来说是否是自由的呢？并不是，因为他只能被迫接受，否则就会丧命，而他只能靠前一天的工资来获得下一天的食物。"① 这种反常的状态必须被消除,据说唯一实现这一目标的方法是让国家成为所有生产要素的所有者,而个人将会在分配给他的份额上享有终身权益。特定任务的分配由国家官员决定,他们将培养年轻人从事最适合他们天赋的职业,并提供所需的特定职业装备。

根据马克思的观点,所有社会变迁和政治革命的最终解释必须在经济条件中寻找,这种观点显然将所有冲突简化为资产阶级和无产阶级之间的斗争,是建立在一种较为简单的人生理论之上的。近期的一些社会主义者提出了三种方法中的一种,用以通过实现国家组织所有生产来取得最佳结果。第一种方法是将所有行业的整个管理权交给国家,在政治领导下进行;第二种是将政治与工业分开,任命专家委员会负责工业生产;第三种是将生产交给工会自治管理,由他们自己选出的领导来负责。对第一种方法的反对意见是,它必然会导致最可怕的派系斗争,并为非法利润提供巨大机会。第二种计划,即由英国的费边主义者提出的计划,只会导致不负责任的官僚体系代替目前在适度国家监管下的自由竞争体系。第三种提议是由直接相关的工人选举每个行业的高级官员,这将为各种部门利益的发展提供机会,并且肯定会导致不可调和的争端,而没有最高权力来调解各方的要求。

现代社会主义的一般提议是,消除现行的工业竞争形式,取而代之的是某种形式的统一控制。欧洲和美国的各种社会主义组织都期待着生产和交换手段的集体所有权和经营,并由权

---

① 引自 Skelton's *Socialism*, p. 71。

威机构分配报酬。对于如何实现这一理想,我们并不十分清楚。也许我们最好的做法就是提供所需的集体主义理想的轮廓,这个理想是由反对这一理论的舍弗勒(Schaeffle)提出的,但他的立场非常公正,以至于社会主义者承认他的观点在很大程度上是正确的。

据说,当今投资资本的大部分来自资本回报,并且是从员工的利润中节省出来的。积累巨额财富成为可能,是因为工人的工资低于其劳动所产生的全部价值,剩余价值归资本家所有。工人被迫接受诸多影响之下的工资,比如同僚之间的激烈竞争、社会生产的波动状况、机械的干扰、技术制造的变化、外国竞争以及许多其他情况。为了消除这种不公正,必须有一个公共的劳动组织和国民收入的公共分配。除了保留公共监督者作为资本和用于维持非生产性公共机构的部分外,整个国民收入应该公平分配。随着大量收入的消失,私人奢侈品的消费将大幅减少,同时为人民提供文化和娱乐的公共机构将增加。社会主义并没有取消私人财产,只废除了作为生产手段的私人财产,即资本。它不取消继承权,尽管无疑将只有部分财产可以继承。它也不必然对家庭或教会持敌对态度,尽管个别社会主义者可能会对家庭或教会持这种态度。

舍弗勒指出,这样描述的社会主义实际上是一种个人主义,因为这一观点主张控制所有生产,旨在给予每个人国民收入中相应的份额。但是,也不能说它重视人作为人的权利,因为它认为人类是一个集合体,而不是有机的整体。事实上,整个理想存在问题,因为不可能确定每个人劳动的确切价值。例如,我们如何决定伟大工业领袖的创造性技能的价值有多大呢？劳动的价值也不能由所花费的时间来确定。因此，社会主义很难实现其公平分配劳动成果的主张。如果撇开根据产品价值分配的理想，尝试根据人们的需求来分配，结果将是短时间内每个人都会发现自己处于极度的贫困和困境之中，而均等分配只能导致懒惰和懒散。

社会主义者自己承认，根据产品价值分配报酬存在困难，并且在无奈之下将不得不回归到旧有的均等分配方案。一个费边派的成员说："评估每个人劳动的单独价值是不可能的，任何真正有效的结果都无法得出。这样做会引发摩擦，不可避免地会引发不满、偏袒和拉拢，所有这些事情将推动社区委员会走上正确的道路，即所有工人获得平等的报酬。"这个提议既不切实际，也是不公正的。它只会导致生产减少，并且正如前面所说，也会导致懒惰和懈怠。

在社会主义制度下，产品真的会增加吗？争论的焦点是，现在资本家每年占有的财富的很大一部分将可用于分配给工人。当前资本家的收入在很大程度上被再投资于生产，考茨基（Kautsky）承认，只有更高的生产率才能改善工人的状况。考茨基和倍倍尔（Bebel）说，这种产量的增加是由于将工作集中在最大和最完美的工业工厂里，并淘汰其余的工厂。目前，这种趋势确实存在，而且可能在加速发展；但这并不意味着它可以应用于所有形式的工业并产生收益；无论如何，个人的能动性都会受到限制，社会进步也会受到阻碍。

与费边学派的行政社会主义（Administrative Socialism）相对，

最近的一些思想家提倡所谓的"行会社会主义"(Guild Socialism)。他们不信任政府的直接行动，希望尽量减少其权力，认为中央控制意味着官僚主义和不完善的选举机制。毫无疑问，他们承认国家是生产资料的最终所有者，但是生产资料的使用控制权应该交给每个行会。租金和利润都应该由行会管理，行会有权确定工资、工作时间和产品价格。因此，每个行会都将在其各自领域内控制生产资料的使用，但国家行动仍有存在的必要。国家将不再干预生产资料的使用，但会处理所有与更高利益有关的事务——包括美术、教育、国际关系、司法和公共行为——不过，技术教育将由行会负责。因此，我们就会拥有两部分社会，第一部分处理所有与国民收入有关的事务，第二部分处理纯粹的政治事务。国家将是所有生产资料的所有者，而行会将规范这些资料的使用，每年向国家支付一定的租金，作为特许权费。国家将从中获得财政支持，而不再使用目前烦琐且不公正的方法。行会之间的争端将不再由国家解决，而是由一个行会代表会议来调解。

将两个独立的民主体系分开的提议显然是不切实际的。国家将处理的国际关系在很大程度上取决于不同国家经济产品的条件。认为在行会之间发生争端时，或者在行会代表会议和议会之间出现矛盾时，它们会自行解决，并不能解决问题。这是将国家的命运交给了机缘。必须有一个负责的机构来解决争端，而除了代表全体公民的机构之外，别无他途。因此，行会社会主义理论是在国家社会主义和工团主义之间的一种不合逻辑且不切实际的妥协。

第十章 权利体系

再看另一个问题，在康德看来，惩罚必须不考虑个人或社会的幸福，而仅仅是为了维护正义。他认为，惩罚既不具预防性，也不具教育性，而仅仅是惩罚性的。犯罪者坚持他自己的欲望法则，而社会则使用暴力手段使这种不理智的行为反噬于他自身。事实上，我们可以回答说，这三种对于惩罚的看法之间并没有真正的矛盾。因为惩罚的目的是维护社会的统一，抵制个体的反复无常，所以惩罚在预防犯罪方面具有预防性，它倾向于唤醒社会的良知，提出一个与个体的自私倾向相对立的理想。它也具有教育性，因为它倾向于唤醒人们的意识，使其认识到犯罪应受惩罚。它也是对正义的辩护，因为它显示了正义是使人类实现最美好生活的方式。惩罚并不是因为它阻止了特定犯罪行为的发生而具有预防性，而是因为它揭示了谴责所有犯罪的原则。它的教育性不是使人们害怕因犯罪而受到相关惩罚，而是使他们害怕犯罪必然带来的罪恶感。而惩罚证明正义是实现真实自我的必要条件。因此，惩罚是一种道德行为，不是因为它直接作用于意志——没有外部机构可以直接影响意志——而是因为它使个体意识到，避免犯罪的真正合理动机是，人的本质是社会性的。

涂尔干（Durkheim）先生提出了一种惩罚理论，该理论源于社会和国家基于劳动分工的原则。尽管这一理论具有启发性，但很难被视为充分的。只有通过对这个术语含义的比喻性扩展，他才能合理地解释社会在这一基础上的权利。毫无疑问，随着社会的发展，劳动分工的确会增加，但不能认为社会生活中所有复杂的力量仅仅是这种分工的例证。涂尔干在现代社会中发现的职能专业化不能简单地归因于经济条件。工业和农业生活条件的专业化确实大幅增强,但这种增强并不能简单地归因于外部环境的压力。这些条件只是社会生活的较为简单的元素,而决定它们重要性的是社会发展过程中观念的变化。人类生活的条件因不同社会而异,并且随着社会认识到人类能够实现自我存在的新条件的不断出现,这些条件也在发生变化。必须考虑经济条件,但它们并不能解释爱国主义和人类之爱的全部含义。防御性战争不仅仅是为了保持有利的贸易和商业条件——尽管这些是其中的一个因素——也是为了捍卫人们关于最美好生活的理念,事实上,战争并不仅仅局限于保卫这些条件。实际上,只有在认为合理的生活条件非常复杂并受到威胁时,战争才能被正当化,正是这一点赋予了民族情感极大的力量和能量。战争必然会扰乱所有常规的贸易和商业条件,只有在这种情况下才能为战争辩护,即这些正常条件相对于因为某些野心勃勃的国家而受到威胁的生活的更高利益而言较次要,这些国家认为,战争带来的灾难相对于预期能够从中获得的最终利益而言不那么重要。即使是征服国,如果不是认为成功可以促进国家荣誉,人们也不会发动征服战争。毫无疑问,这种成功包括更好的经济条件,但这些只是整体概念的一部分,它决定一个国家冒着失败的风险,或者相信通过战争本身的邪恶经济和其他影响来纠正。人不是单靠面包生活的,还有关于正义、人道和慷慨的理念,没有这些,他会觉得自己将失去灵魂。在最崇高的精神状态下,一个民族会忽视自身的自私利益,为更高尚的目标而努力。世间存在着一种民族精神,当一个伟大目标岌岌可危时，它会拒绝考虑经济利益。这就是普遍意志的体现，正如我们之前所看到的，是一个民族的精神。因此，经济因素只是国家意志的一部分，而且绝不是最重要的那部分。正如F. H. 布拉德利(F. H. Bradley)所说："道德有机体不是一个动物有机体。在动物有机体中，器官不会意识到自己是器官，而在道德有机体中，它知道自己，因此能够在自己内部知晓整体。一个人狭隘的外部功能并不代表整个人。他有一种我们用肉眼无法看见的生命，而没有一项义务是如此卑微，以至于它不是这种生命的实现，也可以被认知为这种生命的体现。重要的不是外部可见的工作，而是完成这些工作的精神。我的生活广度不是由我追求的多样性或我在其他人中的位置衡量的，而是由我所认知的整个生命的充实度决定。的确，现在我们每个人不再取决于作为某个特定的个体所具有的特质，但这并不意味着我们的个性因此减少，也不意味着我们内在的潜力变少。"

根据涂尔干的理论，当一种行为冒犯了社会的强烈和集体的情绪时，它就是犯罪。这使得犯罪完全取决于人们对其持有的情感。某个行为之所以是犯罪，是因为它冒犯了；它并不是因为被定义为犯罪才冒犯。如果一个人在街上袭击我，我打倒了他，如同鲍桑葵先生所举的例子，问我打他是为了治愈他的傲慢，还是为了惩罚他打我，或者是为了阻止他再次攻击我，这样的问题是没有意义的。实际情况是，我本能地反击，因为我感觉受到了冒犯。毫无疑问，在我的行动背后存在着一些积极的情感或信念。但这不能被视为对惩罚性质的完整阐述。我们仍需要问的是，存在反对犯罪情绪的合理依据是什么。一件事情并不因为它被一个现实社会的成员群体认为是对的而变得正确。涂尔干自己也承认，在人类历史的早期阶段，许多事情被视为禁忌，而现在则被认为是完全无罪的。但是，如果对法律的唯一辩护是，它是集体意识的具体体现，那么在所有情况下，只要那种意识得到了明确表达，它就会被证明是正当的；或者如果没有，那么对任何制度的惩罚都将没有正当理由。一件事情不会因为它符合公众情感而变得正确。毫无疑问，法律是公众意志的表达，并不是因为一群社会成员支持它。惩罚之所以具有正当性，是因为它符合最终目标，即在一个单一社会内，最大限度地促进最佳生活，并最终在全人类中实现它。正是对理想美好生活的这种潜在愿景，才使得普遍支持惩罚的共同情感得到了正当辩护。人类总是或多或少地受到这一原则的影响，而法律则是这种最佳生活理想的逐步实现。这使我们能够为早期社会的情绪提供相对的理由，它们赞同和惩罚许多我们既不应该认可也不应该惩罚的事情。这种发展体现在对最佳生活理想所要求的内容有了更多更清晰的认识。因此，犯罪不仅仅是冒犯我们情感的事情——尽管它当然会冒犯我们的情感——它还建立在对与错行为的区分之上。当一项法律被制定时，暗示着有些被规定为必须遵守的事情，而这些事情是值得维护的，并且这一点被共识所认可；但仅仅因为某事被视为犯罪就成了犯罪，而不是因为它在本质上有任何东西解释了人们对它的强烈并具有持久性的反感，就是一种前后倒置。

第十一章
和平与战争中的国际关系

到目前为止，我们一直在考虑国家与公民以及这些公民之间的关系，或是作为个体，或是作为群体中的一员。现在我们需要问的是，国家与其他国家之间的真正关系是什么。我们不能接受这种观点，即将国家视为一种机构，有权做任何认为是维护自身存在所必要的一切，这是特赖奇克等理论家的观点。这种观念导致了与马基雅维里的名字相关的绝对主义思想，他告诉我们，对于一个审慎的统治者而言，"当这样做对他自己不利时，当他做出承诺的动机不再存在时，他既不能也不应该守信"。事实上，马基雅维里只有在国家生存受到威胁时才主张一种毫无任何原则的原则。他说："当我们的国家岌岌可危之时，必须搁置所有正义与非正义、仁慈与残酷、荣誉与耻辱的问题；所有其他考虑都必须服从于挽救她的生命，维护她的荣誉。"当"国家岌岌可危之时"，当然必须由执政当局来决定，并且始终可以以此为合理理由而违反道德，准许欺诈、残酷和暴力。与此相对，我们需要坚持的观点是，违反所有已知道德原则，包括欺骗、残酷和暴力的行为，在根本上与国家作为一个旨在维护公民最佳生活条件的机构的理念不符。人们通常假设，只有以其他国家为代价，才能实现这个目标，不过这个假设与事实相反。国家的首要责任是对公民负责,但如果认为这个责任与在和其他国家打交道时遵守人道的行为规范矛盾的话,那纯粹是思想上的混乱。一个国家的行为自然不同于另一个国家,因为其气候、经济和社会状况各不相同。每个国家都有自己的问题,它必须用自己的方式解决,但不能认为它必然与其他国家对立。事实上,各国通常会保持友好联系,正是通过这种联系,各国才能在文化和革新以及在应用科学发现改善外部生活条件方面取得进展。一个国家的利益无法完全与另一国利益无关。因此,我们必须基于各国相互依存的观念,这与马基雅维里主义的观点形成了对比,不过,目前德国统治者似乎认同的观点是,一国与另一国必然是敌对的。只要这种谬误支配着人们的思想,战争就不可避免。各国相互依存是一个事实,我们的理论应该适应这个事实。国家组织的真正目标是在与普遍道德原则相一致并受其限制的情况下,为公民提供最佳的生活条件。因此,我们可以说,各国之间的真正关系是合作,而非对抗。因此,一个国家可以向其他国家学习,吸取与其自身生活相一致的东西,从而逐渐形成更加完善的有序的生活形式。与其他国家的联系不会破坏每个国家的独立生活,而是会使得社会制度逐渐差异化,推动人类更好地发展。

因此,每个国家必须把自己看作人类朝着最佳生活迈进的一部分,但是没有一个国家可以放弃自治权,否则它就不再是一个国家。统治者应该考虑到人类的利益,而不能允许个人或团体存在矛盾的主张不受国家控制而完全独立行动,这是必要的。因为国家的独立对人类的利益至关重要。每个国家的独立行动都是必要的,因为每个国家都有各自的特殊使命,每个国家越好地履行自己的使命,对人类的利益就越好。一个错误的观念是,一个国家的利益必然与其他国家的利益对立,这种观念会导致战争,并使对外征服成为一个内生的目标。一国军备的增加必然会激起其他国家相应地增加军备。战争的主要根源在于共同体组织的缺陷,这必然会产生扩张政策,而这种状况的真正解决方法是建立更好的内部组织。共同体的自由发展受到限于某一阶层的限制性法律的阻碍,因为特权阶层自然地寻求通过外部扩张来阻止权利的扩展,而被压迫阶层则会引起其他国家公民的同情。消除这些异常现象后,国家之间就可以自由地正常合作。因此,引发冲突的并不是国家的至高地位,而是对公民利益所需之物的错误看法。

因此,战争是由社会化的不完善所致。然而,这并不意味着战争永远不合理。一个国家必须保持其自治权,否则它将不再是一个国家,也就放弃了捍卫其人民自由的权利。在关于国家和国际事务的一些著作中,有少数人认为,尽管战争是不必要且无益的,但它永远无法被废除。另一些人则认为,通过拒绝参与战争,战争是可以被废除的。持前一种观点的人认为,尽管战争可怕又邪恶,但它不可避免,或者它不应该被废除,因为它能培养一个国家的男子气概,并且不同民族之间的利益冲突会不可避免地引发战争。然而,主张战争对于保持一个民族的优秀品质至关重要的说法,实际上只是意味着,持这种观点的人没有理解国家的真正意义。更不用说战争带来的恶果,其中包括对人类劳动的肆意摧毁。在战争中,正如霍布斯所说:

"没有产业的生存之地,因为其成果无法保障;因此也没有人类文化;没有航海,也不能使用可以通过海上进口的商品;没有舒适的建筑物;没有移动和移除需要很大力量的物品的工具;没有对地球的面貌的了解;没有时间的概念;没有社会;最糟糕的是,不断的恐惧和面临暴力死亡的危险;人的生活是孤独、贫穷、肮脏、野蛮和短暂的。"支持战争的观点认为,战争可能是就保卫自己的国家免受敌对入侵,维护国家的荣誉,并保持所有对合理人类生活至关重要的条件而言必要的。

从基督教时代的人类历史来看,我们有理由相信,人类已经在不断朝着减少战争(如果不是废除战争)的方向迈进。罗马的目标是将其统治扩展至整个世界,为了追求这一理想,帝国实际上将所有权利都压缩为帝国公民权。这一政策的结果是防止了帝国边界内的战争。早期教会的教父们反对战争,部分原因毫无疑问是异教仪式与宣誓有关,但也是因为它与和平统治相冲突。然而,奥古斯丁认为,军事服务是基督徒的责任。随着伊斯兰势力的崛起,其态度发生了变化,并由此导致了十字军东征的宗教战争。在长达几个世纪的时间里,教会的势力是最具侵略性的。在宗教改革时期,伊拉斯谟以强烈的措辞表达了对战争的憎恶:"如果在人类事务中有什么事情是我们应该深思熟虑地反对的,肯定是战争,没有比战争更邪恶、更有害、更具广泛破坏性影响的东西了,没有比战争更难摆脱、更可怕、更不值得一个人去做的事情了,更不用说一个基督徒了。"①

---

① 引自坎贝尔·史密斯小姐(Miss Campbell Smith)翻译的康德的《永久和平论》(*Perpetual Peace*),第18—19页。

随着现代国家从古老封建制度的废墟中崛起，私人战争结束了，和平被视为社会的正常状态。宗教改革奠定了国际法的基础，因为它导致了对国家独立的认可，而且使得这样的法律成为必需。因此，我们发现格劳秀斯奠定了普遍法则的条件。他是第一个将"国际法"解释为不仅是适用于各类人民的规则集合，而且是国与国之间的法律的人。梅因爵士说："独立共同体，无论在大小和权力上有多么不同，在国际法的视野中都是平等的，这一观点在很大程度上促成了人类的幸福。"国家必须将彼此视为国际社会的成员。因此，在战争中国家之间必须有约束性法律。

17世纪末，佩恩（William Penn）提出了国际法庭的概念，用以促进和平；圣皮埃尔（St. Pierre）神父则将永久和平的问题引入政治文献中。然而，直到康德提出了在一段时间内确保永久和平的条款的完整和有理论依据的陈述之后，我们才有了一个完整的和系统的观点。

在国际关系方面，康德认为，一些初步条款如果被采纳就可以为持久和平铺平道路。其中第一条是，在和平条约中不得保留可能成为另一场战争导火索的秘密争端，否则这将只是一种休战，而非真正的和平。第二条是，任何国家，不论大小，都不应该通过继承、交换、购买或赠送的方式被另一个国家占有。国家是一个人类社会，而不是遗产。同样重要的是，应逐步废除常备军，因为它们导致了与其他国家的永久竞争，只要它们存在，其他国家就无法获得安全保障，而且维持这些军队的开支会导致侵略性战争，因为会为了摆脱因维持军队积累的债务负担而开战。和平的另一个基本条件是,不得采取伤害敌人的手段,因为这将使在恢复和平时无法相互信任。背叛、间谍活动和其他不光彩的策略容易导致灭绝战争。然而,这些条款只是初步的。实现持久和平首先要求每个国家的内部政体应该是共和制,因为这基于公民的自由和平等。在人民掌握宣战权之前,永久和平是无法保障的。因此,国际法必须基于自由国家的联盟。毫无疑问,即使这样也不会完全终结战争,但在世界准备好建立世界政府之前,我们应该满足于此。我们目前能够拥有的只能是一个国际联盟(League of Nations),而在这样的联盟中,必须有一个规定,保障协约国家的每位公民作为"世界公民"的权利,也就是拥有在自己国家以外的其他国家自由访问和贸易的权利。

在过去的一百年中,人们试图以两种方式取代预防国际争端的国际协定,即签订条约和召开会议。条约的弱点是很难获得确保条约条款执行的保证,而且很难设计出一个有效的方法来变更和修改这些规定。穆勒提出了设定时间限制的方法,在商业条约中,这种方法总体上取得了成功。但是,在涉及大规模的政治和行政关系时,它也存在着一些不足之处。1814年,英国、俄国、普鲁士和奥地利四大国签订了一项将持续20年的条约,但最终没有实现。在1818年9月的第一次会议上,有人提议维持当时在欧洲建立的政府,但英国拒绝承诺消除所有威胁已定秩序的努力,因此在组织欧洲政府方面没有任何进展。卡斯尔雷(Castlereagh)说:"团结联盟的想法,即每个国家都必须支持其他所有国家内部的继承、政府和财产,使其免受暴力和攻击……必须在道义上理解为先前建立了这样一种普遍政府体系,该体系可以确保和推进所有国王和国家内部的和平与正义。在构建这样一个体系的方法被设计出来之前,其后果是不能接受的,因为没有什么比将它们的所有力量用于支持既定权力,而不考虑其滥用程度更加不道德或更有害于政府普遍性质的了。"这是英国在类似情况下的政策,她一直抗议干涉独立国家的内政。

现在文明国家中盛行的规则和惯例在中世纪结束之前是不存在的。我们现今意义上的国际法在当时并不存在,只有部分习惯法。教会无法阻止作为基督教徒的统治者相互之间的战争,甚至教皇本人作为一个世俗领袖,也常常是交战的一方。格劳秀斯在自然法、天启宗教的戒律和习惯法中寻找国际法的基础;在不到半个世纪的时间里,他的著作被认为是具有权威性的。他并未论述中立国家的义务或权利与交战国之间的关系,但除了这个例外,他奠定了国际法的基础。对于因为他不是立法者,所以他不能创造法律的异议,梅因爵士做出了恰当的回应:"国际法的奠基人虽然没有创造一种法令,但他们创造了一种守法情感。他们在各个君主和共同体的文人阶层中,广泛传播了一种对忽视或违反规范国家关系和行动的某些规则强烈反对。他们并非通过威胁或惩罚来实现这一点,而是通过另一种早已在欧洲和亚洲长期存在的方法,即创造对某一套规则的强烈认同。"

国际法有三个来源:订立者的权威,条约和其他外交行为中的承认与宣言,以及各国普遍观点的具体体现。第一个权威由于订立者的声望而得到信任,因为它正确地代表了文明政府的观点。基于条约的权威必须被谨慎接受,因为两个或多个国家之间的协议可能甚至在它们自身看来也不具有普遍适用性,更不用说对那些未参与该条约的国家具有约束力了。但当条约是由多个较大国家的代表在国际大会或会议上就永久性利益达成的结果时,情况就不同了。当然,这些大国达成的协议在那些未参与的国家中也具有很大的影响力。在与西班牙的战争中,尽管美国拒绝接受1856年的《巴黎和约》,但还是决定遵循条约中规定的规则,并且这些规则被双方交战国遵守。然而,最重要的国际规则是实际使用的规则,这表明法律是基于慎重同意的。此外,那些被独立国家普遍接受的规则,可以被视为方便和公正的规则。毫无疑问,总有一些舆论先于大众的良知,即使不能超越,至少也能使用法达到一般舆论的标准。

国家之间存在着边界和领土权利的争议、因条约解释而产生的未履行积极义务的指控、其国民对赔偿的要求,以及对至上或主导影响力的竞争。最后一个是最危险的,因为在当事国的立场较为薄弱时,它们就会不太愿意邀请或容忍外部干预。

国际仲裁有两种方法:一种是争议事项可以提交给各自选择的某位法官或多位法官进行裁决,另一种是当事国可以选择使用更广泛意义上的一般国际协议机制。英国所有重要仲裁都采用了第一种方法。

在为国际仲裁制定永久性条款方面取得的最重要进展是海牙和平会议。最初的提议是考虑减少军备,但发现这并不可行。到目前为止,唯一提出对此作出明确举措的国家是英国。波洛克爵士认为:"随着时间的推移,在文明国家中,在未充分利用《海牙公约》之前就谈论发动战争将会越来越不光彩;正如人们所期望的那样,如果仲裁庭能够通过惯例获得比任何明文授权更强大的权威,那么完全可以排除任何正式的国家宣言。"无论国家情感是否会超越特定国家的边界——希望这一文明过程会不断演进——与此同时,我们必须同情那些为解决民族群体之间的争端提出建议的人,这些群体的大小和实力各异,但都希望以此方式保持和平。基于这一观点,美国的"和平联盟"建立了,该联盟的计划如下。

"第一:所有签署国之间发生的司法问题,若经过谈判仍未能解决,应当在条约限制范围内,提交给一个司法仲裁庭进行审理,对其进行裁决,包括裁决争端的实质问题和有关其管辖权的任何问题。

"第二:在签署国之间发生的所有其他未能通过谈判解决的问题,应当提交给一个调解委员会进行听证、审议和提供建议。

"第三:签署国应当立即联合动用他们的经济和军事力量,应对那些在问题提交前就发动战争,或对其他签署国采取敌对行为的国家,如前述条款所规定的那样。"

根据这些提案,解决争端的任务仍然留给了外交。拟议中的调解委员会实际上是一个将集体外交引入争端问题的平台。根据第三条,签署国必须将他们的案件提交给调解委员会,但除了在道义上的义务外,签署国没有其他义务接受所作出的决定。此外,这暗示了任何国家都有权退出联盟。因此,这个联盟不会构成一个真正的联邦结盟,最多只是一个组织得更为精细的主权国家的联合或同盟。

"国际联盟"(League of Nations Society)规定,签署国不仅有义务将所有可裁决的争端提交给海牙仲裁法院或其他司法仲裁机构,而且必须接受其裁决并执行。显然,强制将可裁决的争端提交仲裁是有规定的,并且联盟的集体力量将被动员起来,以执行仲裁庭的决定,但似乎并没有考虑到对调解委员会的建议的执行。波洛克爵士认为,必须设立一个国际执行机构和一个永久性的国际警察部队。在他看来,这两者是必不可少的,"如果和平联盟能够在需要时及时有效地使用武力,并将罪行扼杀在萌芽状态"。

有人问为什么"将罪行扼杀在萌芽状态"的过程现在会比一百年前在"神圣同盟"之下更安全。是否可以坚定地认为,自从亚历山大一世提出和平计划以来,事情已经有所改变。首先,威灵顿(Wellington)和卡斯尔雷对这个计划毫无信心,实际上他们对于世界和平的所有计划都持怀疑态度。当欧洲开始由诸如俾斯麦、梅特涅(Mettemich)和加富尔(Cavour)这样对于国家遵守道德原则的义务毫不信奉的政治家来领导时,沙皇的计划就自然而然地失败了,而像沙皇那样的理想主义对他们来说只是一个不切实际的幻想——正如梅特涅所称的"响亮的虚无"(loud-sounding nothing)的东西。自那时以来,人们的思想发生了变化。像阿斯奎斯(Asquith)先生和格雷(Grey)子爵这样的政治家同意威尔逊(Wilson)总统的看法,即建立某种形式的国际联盟是可行的,而且是迫切需要的,因此,诉诸过去并不能解决问题。人们可能更希望,艾利森·菲利普(Alison Philips)在他的《现代欧洲手册》(Handbook of Modern Europe)结尾所说的话不只是空洞的表达。他说,尽管存在无数嫉妒和误解,"但随着时间的推移,欧洲各国可能会意识到他们在建立一个国家的过程中实现团结;在他们的共同起源、共同传统和共同利益方面"。"建立一个国际联盟的过程中会有很多困难,但似乎也很明显的是,如果存在普遍意志去克服这些困难,这些困难就是可以被克服的;如果没有这样的普遍意志,就根本无法建立任何联盟。"可以自信地肯定,这样的意志正在逐渐增强,存在着很大的希望,当现在的战争结束,而且人们深刻认识到一切都是徒劳无益的时,他们将愿意倾听类似提到的建议。

与此同时,我们不应低估建立一个国际联盟所面临的困难。有人告诉我们,这样一个联盟的最大障碍来自强烈的自我意识,它导致了对其他国家的敌意,这种敌意总是源于不同的传统、习惯和生活方式,以及被严密守护的经济利益。伯特兰·罗素(Bertrand Russell)先生告诉我们,走向国际权威的第一步是人们应该摆脱对自己国家的狭隘忠诚,不再只考虑自己国家的利益,而是要考虑抽象的正义和人类的利益。据说,这一理论显然意味着,世界联盟必须对所有国家团体或其他团体的意志进行有效的统治。联盟的稳定性和持久性要求,在所有影响共同福祉的事务中,各组成群体的利益应该在各方面都服从整体的利益。

可以肯定的是,拟议中的联邦或联盟会对"不论对错都是我的国家"的忠诚形式产生显著影响,但质疑这种爱国主义形式是否值得一个理性的人去拥护也是公平的。每一个国家签订的条约在某种程度上都是对其独立性的放弃,但不能因此而主张有自尊的国家不该签订条约。条约的基础就在于它将确保签订国的更高利益，这种信仰至少在大多数情况下是完全合理的。那么，为什么认为加入一个国际联盟就意味着签约国的自治权被放弃了呢？可能有人会说，拟议中的联盟在一个重要方面与条约不同，它是永久性的，而条约是有着有限时间和有限目的的。然而，那些提出国际联盟方案的组织并没有要求加入联盟的国家放弃其自治权。每个国家仍然保留对其内部事务的完全控制权——当然，只要经济性质的协议对其自身公民以及其他国家的公民的共同利益仍然有效——而且，由于联盟的主要目标是防止战争造成的破坏性影响，其结果必然是对这些事务有更充分的控制。毫无疑问，这样一个联盟会带来经济进步，因为最有害的经济谬误之一是认为一个国家的收益必然是另一个国家的损失。国际联盟的一个优势是提高人们对一个国家真正目标的认识。一个民族的相互嫉妒和不信任不再会产生摩擦，也不再会不时导致站不住脚的战争。每个国家的主要目标都是发展共同利益，它将以决定什么对自己和其他国家最有利为宗旨，而不是以寻求为自己取得更大利益的态度来对待每个问题。认为这种更大的利益必然会对每个国家的福祉产生不良影响，这是一种不理智的偏见和错误的经济理论。我们并不认为任何一个国家的个体成员只能以牺牲邻居的利益来实现自身的利益；那么，为什么应该默认一个国家与另一个国家之间的关系就是假设的"自然状态"呢？每个国家都有自己的特殊任务，但这项任务与对其他国家实行公平正义是完全一致的。因此，在我看来，拟议中的联邦既不用担心那些劝告我们摆脱对单一国家的一切忠诚而只考虑人类的人，也不用担心那些以联邦会破坏作为一切进步之泉的忠诚为由而反对联邦的人。忠诚的情感必须升华为一种爱国主义，它将对祖国最深厚的爱意与对其他国家公正的愿望相结合。人们有很多任务要完成，无须将情感浪费在对外国公民的厌恶上，而且，那些将全部热情投入人类事业而对自己国家的即时问题漠不关心的人，并不会有真正充实的生活。爱国主义与对人类事业的奉献相结合才是真正的理想，其既不是自私的爱国主义，也不是导致忽视身边职责的模糊的人道主义。

除了战争，每个国家在创造导致最佳生活的条件方面都有很多工作要做。正如格林所说："那些时不时地谈论需要一场大战才能激发无私冲动的人，会让我们怀疑他们是否太自私，以至于无法认识到他们周围正在进行的无私活动。在用尽一切方法将自然引导到人类服务之前，在社会组织良好，每个人的才能都能得到自由发展的情况下，我们不需要诉诸战争来寻找爱国主义可以展现的领域……只要国家彻底形成，爱国主义转向军事渠道的趋势就会结束。爱国主义，在军事意义上，与公共精神有所区别，不是指公民与其他公民打交道的态度，也不是指与其他国家公民交往的态度，而是指封建领主的追随者或意识到自身权力的特权阶级的态度，其权力最终建立在对较低社会阶层的武力压制之上，或者是指一个国家对其他国家施行帝国主义。"① 因此，为了预防战争，他提出了建立一个国际联盟的崇高爱国主义理念。任何战争都不可能在没有一方或另一方

---

① *Principles of Political Obligation*, s. 172; *Works*, ii. p. 482.

战斗人员或双方有意或无意的错误的情况下发生，补救办法不是放弃一个国家的自治权，而是清理国内环境，从而集中精力伸张正义。在正确理解的情况下，一个国家的使命不应该与另一个国家的使命相矛盾。德国主张她有义务在国外传播她的文明是正确的，但其错误在于认为文明可以通过武力强加，而其他国家对人类进步没有贡献。正如鲍桑葵先生所说："健康的国家不好战。"国家通常是合作的，而不是敌对的，国际联盟必须建立在这个基本真理之上。

A. C. 布拉德利先生提出了在建立一个国际联盟的提议中可能出现的一些潜在危险。他认为其中一个困难是，如果所有的国家都拥有平等的发言权，那么小国的影响力就会超过大国，而大国不太可能屈服于小国；另一方面，如果不是这样，争端实际上将由大国决定，这对小国不利。或许说，可以采取一些类似美国的安排以避免这种危险。每个国家的主权平等是通过它们在参议院中的平等代表权得以维持的，而且这种平衡是由以下事实进行调整的：最高行政当局即总统以及众议院的成员都是由人民选举产生的。毫无疑问，将这种制度调整以适应拟议中的联邦会面临一些困难，但肯定可以设计出某种形式的制衡方法。

A. C. 布拉德利先生提到的另一个困难是，当一个对大国不利的裁决深刻地触及其荣誉或利益时，有可能会有这样的危险，即大国可能试图规避对它施加要求，而其他国家也会对此视而不见，而不会以战争的一切罪恶为代价来执行裁决。这个反对意见是基于国家和所有人类组织固有的不完美性，但这似乎并不是对拟议中方案的根本性反对。我们一定希望，联盟不会忽视每个国家的正当要求，而且相互的善意通常会避免这种危险，因为毕竟它并不与联盟的主要原则矛盾。

约翰·麦克唐纳（John Macdonnell）爵士①提出了一些值得认真考虑的一般性建议，这对于那些真心相信通过适当的规定可以避免战争的人来说是值得关注的。第一个也是最明显的建议是，庞大的军队必须不复存在。只要和平是战争的准备，每个国家都将被迫为下一场战争做准备。如果一个国家拥有对其他国家构成威胁的军队或舰队，那么其他国家就必须保持相应的力量。必须采取有效措施进行裁军，包括废除或控制生产战争物资的机构。毫无疑问，在确定裁军基础的问题上会有很大困难，但是对于那些愿意从高尚和开明的角度来看待这个问题的人来说，制定一个良好的方案并非不可能。我们必须相信国家事务中无私的理想会逐渐发展，这种理想目前在公民之间的关系中相当普遍。这些理念的发展迹象已经出现。它们是威尔逊总统演讲和描述劳工会议的备忘录等文件的核心思想。这些文件表明了向新理想的迈进，摆脱了狭隘的侵略性民族主义，具有对更高目标的追求。实际上，道森（Dawson）先生提出的跨国议会的建议是否可行还存在疑问。他建议"可以通过设立一个常设的代表大会，以替代因特殊目的召集起来的欧洲和其他国家的定期特别临时大会，作为解决所有问题的立法机构。这样的代表大会应该定期召开。国家代表大会将由所有参与国家的议会组成，这些议会将根据比例代表原则由其成员选举产生，

---

① *Contemporary Review* for May, 1918.

旨在给予重要少数派一个发声的机会"。如果这是一个有争议的提议，那么建立一个世界议会的提议就更值得怀疑了，这个提议似乎难以与众多较低级别的国家机构相兼容。然而，难道不能有某种国际机构来处理不断增长的国家利益吗？1899年和1907年在海牙召开的会议并不能满足这个目的，它只能签署可能不会得到批准的条约。麦克唐纳爵士建议，在国际组织的起步阶段，每个立法机构都应该设有一个外交事务委员会，可以与其他类似的委员会建立联系，了解所有的谈判情况，并主张有权对这些问题进行听证，并获取充分信息。如果建立了一个国际联盟，很明显必须有一个机构代表其成员的共同利益，并且必须公开讨论问题。人们几乎普遍认为，应该设立一个法院来解决国家之间的法律性争端。这个机构应该由法学家和调解人组成，后者是广受赞誉的人士，国家可以放心地将重大问题交给他们。如果某种形式的国际立法机构和司法机构是可行的，那么设立国际执行机构就不应该是难题。正如伍尔夫（Woolf）先生和其他人所指出的，已经存在这样一个国际执行机构的雏形，而且随着需求的增加，这些国际机构无疑会不断发展壮大。

所有对预防战争、促进地球和平与人类友好关系感兴趣的人，都应该认真考虑这些实际建议。但是，如果各国人民没有形成一种新的忠诚观念、更广泛的视野和真正促进人类福祉的愿望，再多的机构也没有多大用处。我坚信，这种精神不会由任何关于共同体比国家更广泛的含糊和误导性言辞，或者贬低国家至上地位的讨论产生。一个成功的联盟必须是一个包含各国的联盟，实现而非取代人民自治的原则。所谓均势的概念已经证明，它在维护各国之间美好生活条件方面效率低下。正如阿斯奎斯先生所说："这种没有任何坚实道德或政治基础的国际关系状态注定会刺激海军和军事活动。没有人会感到安全。"除非我们能够用国际联盟取代已经名存实亡的均势原则，否则很难指望找到一种永久性的维持和平的方法。只要每个国家将自身的利益视为与人类利益相矛盾，就可能会不断有某个或某些有野心的国家打破这种平衡。如果人们对整个体系的根本无政府状态有清醒的认识，那么就有一些希望找到解决办法。毫无疑问，将这种观念普及开来，使其成为行动的指导原则是困难的，但如果这种观念无法逐渐渗透，就别指望能终结战争。正如威尔逊总统所说，我们必须"摧毁世界上任何能够单独、秘密地并且单方面地扰乱世界和平的任意权力，即使不能立即摧毁，至少也要将其降至虚弱无力的地步"。正如他所主张的，我们必须建立"一个维持和平的组织，确保自由国家的联合力量将制止一切对权利的侵犯，并提供所有人都必须服从的明确的法庭意见，使和平和正义更加安全，并且通过该法庭，直接有关人民不能友好达成一致的任何国际重新调整都将得到批准"。简而言之，所追求的是"以被治理者的同意为基础，并由人类组织起来的共识支持的法治"。正如他解释的那样，我们不能有"纠缠不清的联盟关系"。

如果我们要终结这样的联盟，显然，联盟中必须包括世界上所有的大国，否则，将无法摆脱均势原则。如果欧洲的同盟国（Central Powers）被排除在外，我们就必须预见到不断有试图通过拉拢所有不满意的大国来瓦解联盟的企图，而这并不一定会失败；这样一来，我们就又回到了旧的体系。假设这次战争有一个有利的结果，德国似乎有望愿意加入这个联盟。在任期内，贝特曼-霍尔韦格总理对这个项目表示了支持；当然，这将得到社会主义者、激进分子和天主教中央党的支持，正如布雷斯福德（Brailsford）先生所说的，"陷入贫困的德国将乐于摆脱军备负担"。德国当然可能会提出异议，认为这个联盟是建立在英国海军优势的单方面原则上的。对此的回应似乎是，在联盟形成之前，这种异议可能有一定道理，但随着美国加入联盟，这个麻烦就消失了。如果在争端发生时，英国拒绝出席调解委员会，或者拒绝接受其决定，那么美国绝对不会支持英国。事实上，这种假设是极不可能的，首先，因为英国从未表现出不愿将她的案件提交公正仲裁；其次，她自然会听从美国的强烈意见，而不太可能愿意危及她与这个友好国家长期保持的和平。

将德国纳入加入联盟的签约国之中的绝对必要性，由格雷子爵做了令人信服的陈述，他指出，一个令人满意的国际联盟必须建立在道德观念之上。这样的联盟要起作用需要两个基本条件。第一个条件是，"这个观念必须被各国政府的行政首脑真诚和坚定地采纳。它必须成为他们实际政策的重要组成部分，是他们成为或继续对其国家政策负责的主要原因之一。他们不能只是为了取悦某些人或不仁慈的人而采纳它。他们必须引领，而不是追随。他们必须在必要时强制别人，而不是被人强制"。就美国的最高领导人而言，这个条件实际上已经得到了满足，并将被协约国政府接受，而奥地利已显示出接受该提议的倾向。问题将在德国出现，至少在由军事贵族统治的情况下会出现。

在德国人民放弃他们对武力的信仰之前,无法实现威尔逊总统所期望的"国际联盟"。"他所期望的联盟必须包括德国,并且不应该包括任何不完全确信这样的联盟的优势和必要性的国家。因此,不愿意付出维护该联盟所需的努力,甚至必要时作出牺牲的国家也不应该加入。"第二个条件是德国政府,而不仅仅是那些愿意支持它的国家,必须明白每个国家的国家行为都受到一定限制。对于拒绝通过仲裁解决争端的国家必须采取强硬措施。"这个义务是,如果任何国家不遵守对其国家行动的这种限制;如果它违反了作为联盟基础的协议,拒绝所有和平解决争端的方法,并诉诸武力,其他国家必须齐心协力对抗这个国家。这种经济压力本身就非常大,而且组成联盟的一些较小国家的行动可能仅限于提供经济压力,但那些拥有实力的国家必须准备使用他们拥有的所有力量,无论是经济、军事还是海军力量。"格雷子爵希望其他协约国会响应威尔逊总统的理念,但他对德国的态度不太明确。"唯一的结论是,除非德国彻底并完全吸取教训,否则美国及其盟友将无法拯救世界并使其摆脱军国主义的威胁。而且,他们不会在彻底战胜德国之前拯救世界,甚至拯救不了自己。他们必须学会并且能够应用这个教训,即军国主义已经成为人类的致命敌人。"

如果我们希望世界和平,我们就要做出必要的让步准备。用米尔纳(Milner)子爵的话说,自由国家的共和联邦是普鲁士帝国理念的替代方案,后者将所有其他民族视为其顺从的工具。除非确保了这一点,否则我们将不得不面对比现在的战争更大规模、更致命、更昂贵的军备竞赛。

270　如果要对同盟国实施抵制的威胁付诸实施，那么就无法建立一个令人满意的国际联盟。这种提议实际上意味着要延续过去那种基于均势理论的旧怨，这与国际联盟所宣称的宗旨不相符。无论是为了德国在战争中野蛮行为的报复，还是为了英格兰的商业利益（即使可以被承认的话），都不能正当地使我们在一方面提议建立和平联盟，同时在另一方面试图摧毁德国的合法贸易和商业。一旦这个观点被德国人民采纳，将摧毁任何成功结果的希望。在和平后提出贸易战，是在确认德国的支持者的主张，即英国的政策一直受到她的商业利益的驱使。因此，我们参加战争的真正动机将被误解或扭曲，和平联盟的愿景将会破灭。这样的做法会强化德国的军事统治和种族自豪感，而善良之人将感到沮丧和无能为力。说这种抵制只是暂时的，并不能成为辩护的理由。即使这是真的，它也无法解决这样的困难，即我们已经确信德国绝不会参与那个旨在也有意摧毁她的贸易的和平联盟。没有比这更好的方法来使军国主义永存了。德国被排除在她无法产生共鸣的联盟之外，她一定会在有能力的时候重建武装力量、重建舰队，为下一场战争做准备。

271　不管国际联盟的理论是否能够实际操作，毫无疑问，在大英帝国内，我们拥有一种被证明极为成功的政治关系形式。它可以说是世界上迄今为止唯一一个彻底成功的国际政府实验。罗马帝国是一种政治体制，被它征服的人民确实被允许在地方政府中拥有相当大的自由，但是他们不被允许参与国家中更大规模的事务；虽然他们通常在日常生活中感到满足和成功，但连接他们与中央政府的纽带主要体现在帝国征税的形式上，这种政策是他们无法控制的。罗马统治下的外国城市是帝国的市政城市，由罗马官员管理，尽管也允许一定程度的地方自治。政府体系中的核心人物是皇帝，他对所有武装力量拥有绝对控制权，并且具有宣布战争和和平的权力。虽然从理论上讲，他可以由民众通过元老院罢免，但实际上他只能被军队罢免。他被赋予了"保民官"的权力，可以否决任何他选择的措施，这样他实际上是独裁者。因此，人们自然会事先了解他的愿望，而顺从的元老院会相应地采取行动。皇帝也总是被任命为最高大祭司，因此他成为人民宗教利益的守护者。从名义上看，所有公民都分享国家的政府权力，但实际上皇帝的权力是绝对的，没有任何限制。人民既不进行选举也不立法，即使是名义上被认为负责制定法律的元老院，也只被允许通过那些符合皇帝意志的决议。罗马人没有试图按照任何严格和统一的计划来统治被征服的行省，他们只是满足于让罗马统治得到适当承认，并且确保税款得到交纳。当一个省份被征服时，它的领土严格来讲变成了罗马的财产，其中的一部分被保留下来，包括金、银、铅、铁和盐矿，或大理石、花岗岩和砂石的采石场。征服的领土中的一部分可能会被分配给退伍老兵，让他们成为殖民者。这些人保留了他们作为公民的权利，随着周围地区的土著人口涌入，他们也很容易获得类似的特权。领土的其余部分通常会被归还给原住民，条件是他们支付货币或实物作为租金。土地税，连同个人税，是罗马财政收入的主要来源，尽管其中很大一部分被用于行省管理。

与上述从上而下的政府形式形成鲜明对比的是，至少就自治殖民地而言，大英帝国采取了一种不同的政府形式，其基础原则符合最高的政治理想。毫无疑问，中央集权仍然存在，但会逐渐承认自治领地在帝国内是平等的国家。正如史末资（Smuts）将军所说："在很大程度上，我们是一个分布在全球、说着不同语言、属于不同种族，经济状况完全不同的国家集团，我认为，甚至是试图通过一个中央议会和一个中央执行机构来管理这个国家集团的共同事务，都将是在主动招致灾难。"关于这一观点，可能存在分歧，但在帝国通过将各个独立组织的自由与整体相结合而取得的非凡成功方面，人们毫无异议。在这里，我们看到了一种基于共同情感和共同理想的联邦类型，它通过成功的运作证明了其稳健性。帝国内部有着最大限度的自主权，随着这种自主权的发展，自治殖民地对大不列颠的忠诚有所增强，正如加拿大、澳大利亚和新西兰在当前战争中所充分表现出的那样。自治殖民地过上了自主自由的生活，绝对不受母国干预，甚至能够根据他们认为有益的方式制定自己的财政计划。在这个群体中，当人们拥有共同的血统和共同或至少相似的制度纽带，并且每个人都在促进整体成功中发挥自己的作用时，所能够实现的成就会令人瞩目。在这个现代国家中，我们看到了一个几乎完美的例子，即单一国家中所必需的多样性的统一。共同意志是这个国际共同体的潜在动力，这种意志在每个个体中都有所体现，但同时也是整体和谐所必需的。在这里，我们看到了真正的普遍意志，其在每一个合作团体中都以不同程度存在。在这里，最高统治权在真正的意义上得以实现；因为我们已经看到，它并不限于任何个人或团体，而是存在于整个体系的实际运作中。大英帝国的这一伟大实验也表明，国家可以采取与其民主自治的核心原则一致的任何形式。重要的是，应该存在一种真正的意志，使这些机构能够充分体现人民的最佳意志。因为正是通过一个复杂的制度体系，自由才能得到表达。这些机构可能具有一定的独立性，而司法机关的例子表明，在某些功能上，非常强的独立性也是可能的。但是，尽管对实现普遍意志的所有部分的独立性给予了应有的考虑，我们仍然必须坚持认为，这将要求某种形式的中央政府作为人民思想和意志的外在表达。

　　英帝国面临的任务并不轻松——它要做的不仅是发展工业、道德和政治理念，它还要涵盖大约四百万到五百万个来自各种种族和宗教并处于各种文明阶段的人们。可以作为一项基本原则，即上级对下级统治的唯一理由是，前者应将把后者提升到自己的水平视为其特殊任务。除非文明人遵循这一原则行事，否则其统治只能被视为不合理的暴政。正如莫莱（Morley）子爵所说："高等种族在与被征服的种族打交道时，应该遵守当时最高的道德标准。"必须承认，文明国家的贸易商与野蛮种族的初次接触经常会导致极为可悲的结果：土著人民被剥夺，被鸦片腐蚀，被冷血谋杀，被贩卖为奴隶。正是这个事实，加上土著种族的狂热和野蛮，通常迫使文明国家承担起对下级种族的监护责任。对于那些在文明程度上有所进步，但在与现代世界接触时无法维持文明统治的民族，也出现了本质基本相同的问题。最明显的例子就是印度。在18世纪中叶，印度正处于近乎无政府状态，显然，如果要保护人民免受压迫，无论是当地人还是外来压迫者，必须由一个强大而富有同情心的政府来掌握这个国家的控制权。英国政治家非常不情愿地得出了这个结论，为了人类和正义的利益，这是必然的。统治外国和被征服的人民是一项困难而复杂的任务。必须承认和培养古老文明中较好的要素，摧毁人们对传统习俗和法律的信仰只会导致所有道德规则的颠覆和道德混乱。一个完整的外来文明不能从外部强加给一个民族。外国政府必须采取行动，在被统治者的心目中创造一种对自己的忠诚感，而这些被统治者必须学会依靠它来寻求人身和财产的安全，寻求思想和言论的自由，并捍卫他们特殊的崇拜形式。如果一个外国政府的统治没有促进被征服民族的文明、自由和进步，也没有采取必要措施使他们适应自治，那么这种统治就是没有道理的。

英国在印度的首要任务是维持和平、秩序和正义，使农民能够得到他所种植的收成，商人能够在适当的限制下经商。然后人们看到，印度人民必须学习西方的知识和方法。在物质文明方面已经奠定了坚实的基础，到处都建立了中小学校和大学。印度的工业发展是否可能没有得到更明智的管理，这确实是值得怀疑的，但至少政府在这方面并不乏善意。对更多自治权的需求不断增加，这必须被看作一个好迹象，尤其是当它与承认英国统治的优势相结合时。人民是否准备好自治是一个困难的问题；但需要指出的是，仅仅引入民主机制并不能确保一个民族的真实意志的主导地位。在绝大多数人口都是文盲的情况下，要建立一个真正的代议制度是不可能的。这个问题需要通过慎重的、实验性的政治智慧来解决。在印度，穆斯林和印度教徒之间的宗教对立、穆斯林众妻妾所居的内室对女性的隔离，以及种姓制度的障碍，阻碍了彼此之间的坦率交流和民族团结的强烈意识，而这些因素在自治的人民中是至关重要的。虽然有明显的迹象表明这些障碍正在逐渐消失，但在有明确证据表明至少在这方面已经取得了相当进展之前，把他们的命运交给他们自己是有风险的。我们必须记住，政府有责任引导一个附庸国，这种责任不仅仅是出于自身利益，更是出于人类的利益，只有通过成功地逐渐提升人民的水平，使他们能够自主治理自己，它的统治才能算得上是公正的。

格林在《政治义务原理》中的一段话虽然并非直接与统治从属民族的问题有关，但可以解释他在处理这个问题时可能持有的观点。"在个体与国家之间的关系是个体被动地接受国家保护以行使其人身和财产权利时，那种以最佳方式体现的对国家服务的积极兴趣，即真正的爱国主义，几乎不可能产生。在这种情况下，他不会为国家的保护而感激，他会视其为理所当然的事情，只有当国家对他提出某种特殊的服务或报偿时，他才会意识到这一点，并且这时他会以怨恨的方式意识到。如果他要有更高的政治责任感，就必须参与国家的工作。他必须自己担任国家机关成员，或选举最高或地方议会的成员，才会在制定和维护他所服从的法律方面，有直接或间接的作用。"①

只要引发战争的条件仍然存在，旨在减轻战争暴行的规定就会非常重要。在古代城邦国家，战争在很多方面都是残忍的，

---

① *Principles of Political Obligation*, s. 122, Works, ii. p. 436.

有一些公认的神圣性，违反这些会被认为是不虔诚的。① 其中之一是必须妥善安葬战败之人，一个引人注目的例子是阿尔吉努塞（Arginusae）胜利后，未能从在战斗中沉没的 25 艘船上营救出水手，也没有找回尸体，导致将军被审判并判处死刑。神圣的建筑也会受到尊重，波斯人毁坏希腊庙宇引发了极大的愤慨。传令官是不可侵犯的，妇女和儿童的生命也应得以保全。

在古希腊伟大时代的作家中，我们找到了一种人道主义情感的表达，这种情感预示了与基督教文明自然相关的同情和怜悯。吉尔伯特·默里（Gilbert Murray）教授说："欧里庇得斯的《特洛伊妇女》(*The Troades of Euripides*) 可能是欧洲文学中第一个将对人类的怜悯之情提升为一种动人的原则的作品，这种原则成了无数反叛、革命、殉道以及至少两大宗教中最宝贵，也许是最具破坏性的要素之一。"

柏拉图几乎没有达到"欧里庇得斯，纯粹之人"的水平，但他像亚里士多德一样，出于血缘和友谊的共同纽带，谴责对希腊人的奴役和对希腊领土的毁灭。他不赞同这样的学说，即战争不仅是不可避免的，而且是培养男子汉美德的伟大学校。他说，"无论是外部战争还是内部战争都不是最好的选择，两者的主张都应该被谴责；彼此和平相处，友好相待才是最好的；国家内部的胜利并不是真正的好事，而是一种必要；这就好比说，一个人认为身体在生病并用药物进行清洗时处于最佳状态，忘记了身体也有不需要清洗的健康状态。同样地，无论他的目

---

① 参见 H. R. 詹姆斯（H. R. James）先生 1918 年 1 月在《爱丁堡评论》(*Edin. Rev.*) 上发表的一篇文章。

标是个人的幸福还是国家的幸福，任何人如果只看重，或者首要考虑进行外部战争，都不能成为真正的政治家。而且，一个合格的立法者绝不会为了战争而缔造和平，而是应该为了和平而进行战争。"①

亚里士多德说："战争的目的在于和平。军事训练的目标不应该是奴役那些不应该被奴役的人，而第一是保护自己，防止自己成为他人的奴隶；第二，寻求帝国权力并不是为了普遍的专制统治，而是为了所统治人民的利益；第三，对那些应该成为奴隶的人行使专制权力。立法者应该使他的立法在军事和其他事务上的安排能促使人们有更多的闲暇与和平，这一理论得到了历史事实的支持。"② 一个政治家不应该设计方法来统治邻近的人民，无论他们是自愿还是不自愿。

波利比乌斯也提到了对邻国领土的无情破坏。他说："我从不同情那些在与自己同族发生战争时，愤怒得不仅剥夺了他们一年的收成，甚至砍伐树木，毁坏他们的建筑，不给他们任何悔过机会的人。这种做法对我来说是彻头彻尾的愚蠢。因为当他们以为通过摧毁敌人的领土和剥夺他们未来以及现在获取生活必需品的手段，来使敌人感到沮丧时，实际上他们正在激怒这些人，将一个孤立的愤怒转变为持久的仇恨。"

在现代战争理论中，最重要的原则是战斗人员与非战斗人员的区分。法学家们认为《海牙公约》等书面法律具有约束力，而军事当局则认为军队在战场上的实践是最重要的。普鲁士总

---

① *Laws*, i. 628.
② *Politics*, bk. iv. ch. xiv.

参谋部认为《海牙公约》等协议"与战争的性质和目标根本矛盾",即便是他们承认的那些"惯例",他们也认为受到了"必要"的制约。这种观点与克劳塞维茨的观点一致,他说:"法律是自我强加的限制,几乎不易察觉,甚至不值一提,它被称为'战争惯例'。现在,慈善家们很容易想象,有一种巧妙的方法可以在不造成大流血的情况下解除敌人的武装并战胜敌人,而且这是战争艺术的正确方向。不管这个观点看起来多么合理,它仍是一个必须根除的错误,因为在战争这种危险的事情中,由善意精神引发的错误是最糟糕的……在战争的哲学中引入一种节制的原则本身就是荒谬的……战争是一种无限制的暴力行为。"或者,正如"德国战争手册"(German War Book)所说,有些严厉的措施实际上"往往是唯一真正的人道主义"。这实际上是对战争法规的完全放弃。

《海牙公约》假设交战国将遵守国际法原则,这些原则源于文明国家之间的惯例、人道主义法律和公共良心的需求。关于这些不成文规定,英国代表主张,规定应该尽可能明确,而德国代表则主张,规定应尽可能不明确。

根据《海牙公约》,如果战斗人员投降,他将获得"饶恕",而如果非战斗人员充当战斗人员,这种特权就不适用。正规军和辅助部队是公认的交战方,其中包括地方自卫队士兵、民兵、预备役人员和民防卫队。即使《普鲁士战争手册》承认"较小和较弱的国家"有权动员全体人民保卫祖国,《海牙公约》规定:"未被占领的领土上的居民,在敌人临近时,如能立即拿起武器自愿抵抗侵略者,尽管他们没有时间组织起来,只要他们公开携带武器并尊重战争法规和惯例,都将被视为交战人员。"然而,《普鲁士战争手册》对此规定提出疑问,坚持认为人民必须有一个正规的组织,无论入侵多么突然。

《海牙公约》关于陆战的规则主张,交战方采取伤害敌人的手段的权利并非无限制的。战争的目的是战胜敌人,但有一些规则是由维持纪律的必要性、人道主义,以及对文明世界公众舆论的尊重决定的。当一支军队入侵敌人领土时,指挥官通常会发布一份宣言,宣布只要平民保持中立,不对部队采取敌对行动,他们会尽可能免受战争之苦,其人身和财产将不受侵扰。敌对部队的指挥官有义务保护平民,为部队购买所需的供应。

《海牙公约》规定了围城的行为准则。如果城镇、村庄、住宅或建筑物没有防御设施,就禁止进行任何形式的炮击,包括从气球和飞艇上投放炮弹,但除了英国之外,没有任何欧洲大国批准这项声明。在围城期间,必须小心,不得损害用于宗教、艺术、科学、慈善事业的建筑物、历史纪念碑和医院,前提是它们没有被用于军事目的。即使是在被攻占后,也禁止洗劫一个城镇或地区。

1870年10月30日,库默(von Kummer)将军在梅斯(Metz)发布的宣言提供了一个例子,说明了外国领土的占领者的权力:

"如果我遇到不服从或抵抗,我将会采取一切严厉措施,按照战争法律行事。无论谁将德军置于危险之中,或者通过欺诈行为造成损害,都将会被送上军事法庭;任何为法军充当间谍或者提供庇护或协助的人,任何自愿为法军指引道路的人,任何杀伤德军或其随扈的人,任何破坏运河、铁路或电报线路的人,任何使道路无法通行的人,任何焚烧粮食或军需物资的人,最后,任何对德军使用武力的人,都将会受到死刑惩罚。我还宣布:(1)任何人对德军进行敌对行为的房屋将被用作军营;(2)街道或公共房屋不得聚集超过十人;(3)居民必须在10月31日星期一下午4点之前交出所有武器,交至公主街的大厅;(4)在警报情况下,所有窗户必须在夜间亮起灯光。"

威灵顿公爵将戒严令描述为"不过是指挥军队的将军的意志而已"。它意味着暂停普通法,取而代之的是军事统治和武力。被占领土地的居民可以被征用,但不能让他们参与反抗自己国家的军事行动。德国、奥地利、日本和俄罗斯都曾迫使居民提供具有军事价值的信息,否则将受到死刑威胁,但希金斯(Higgins)博士认为,这种做法"与现代战争法发展的整体精神相违背,应当从所有文明国家的军事手册中消失"。

《海牙公约》中有三条规定禁止抢劫,禁止没收私人财产。但是,居民的枪支、弹药和各种战争物资通常都会被没收,并且藏匿武器者会被处以严厉惩罚。马匹、小汽车、马车、游艇等都可以被征用,并发放收据作为索赔的证据。专用于宗教、教育、艺术、科学等的公共建筑应被视为私人财产。因此,皇宫以及画廊、公共图书馆、博物馆及其内部的物品都应免于被没收或损坏。

1906年的《日内瓦公约》在国际上首次认可了红十字会的工作,只要它们受到应有的控制。希金斯博士说:"但是,在海战和陆战中,普通市民仍然面临着巨大的危险和损失。可以强制征用劳动力,可以征用各种私人财产供入侵军队使用,各种食

第十一章 和平与战争中的国际关系

品可以强制购买,而且一些最强大的军事国家仍然坚持保留这种权利,即强制非战斗个体充当入侵军队的向导,这是战争中最令人反感的做法之一。"

由于性质不同,海战与陆战有所区别。在《海牙公约》中,给予医务船只相应的豁免权,类似于在陆地上向医疗队授予的豁免权。然而,有一个不幸的规定,巴蒂(Baty)博士恰当地将其描述为"一个令人震惊的条款"①。不受交战国控制的中立国可以被迫将船上的任何"伤病员或遇船难者"归还给敌人。实际上,英国将此条款理解为仅适用于"海战期间或之后"进行的救援,但是这使得如果一艘船在海战结束很长时间后遇到海难,应该采取什么行动变得不明确。确实有一些情况忽视了这个条款的规定。约翰·罗素(John Russell)勋爵拒绝将"阿拉巴马号"(Alabama)沉没时被营救的船员交还给联邦军,同样地,当俄罗斯舰队被摧毁时,英国、法国和意大利指挥官也留下了他们救的俄罗斯士兵。

该问题涉及《海牙公约》中关于轰炸未"设防"的城镇和建筑物的禁止规定。显然,战舰的存在并不能将一个城镇归为"设防"范畴,因为公约中有一项特别规定,允许在港口向战舰开火。另外,由触雷防御的城镇似乎可以被视为"设防"范畴。那些脱离后也会有危险的自动锚地雷被禁止使用。有人原本提出除非在海岸附近,否则完全禁止布设水雷区,但德国的观点占了上风,水雷可以在公海布设,中立国不能抱怨它们的存在,尽管在现今的战争中,它们可能应该组成一个联盟来清除海域

---

① *War: its Conduct and Legal Results*, p. 213.

中的所有水雷，无论是英国的还是德国的。

所谓的"军事区域"的设立是近期的事情。在1904—1905年的日俄战争中，租用了一艘配备了无线电报装置的船只的战地记者被警告，如果他们冒险进入俄罗斯军事行动区，将被视为间谍。国际法学会在1906年宣布，在军事行动区内传递无线电是对中立国权利的侵犯，英国海军部曾称北海为"军事区域"，这可能只意味着中立国在这个区域的存在将被视为极度可疑，这使他们更容易受到走私或不中立的指控。

封锁是围困的延伸，其基本原则是，中立国不能通过向被围困地区输送粮食或其他商品来使围困失效。其目的是切断出口贸易和原材料的进口。对于违反封锁规定的行为，通常的处罚是扣押船只和货物。不能向特定国家的船只或携带特定货物的船只发放许可，因为这样做会自然地使人产生封锁中断的想法。

国家，正如我们一直努力阐述的那样，存在的目的是提供使所有公民都有机会发挥他们最优秀的能力的外部条件，实现这一目标的成功程度是一个共同体完善程度的标志。国家是共同意志的表达，这种意志不能被简单地等同于多数人的意志，甚至不能等同于所有人的意志；其也不能仅仅依靠政府的法规来维持，而应通过社会意志表达的所有组织来维持。这破坏了其他组织形式独立并具有协调权威的主张的力量。最终的权威在国家，它调整次级团体的关系，并确保共同体所有成员的权利得到保障。这种观念并没有阻止共同体追求人类的利益。如果不承认这一点，我们就有了一个关于国家的理论，这种理论不幸地指导了德国主导力量的政策。这种政策基于一个错误的原则,即军国主义对于德国文明的传播非常重要,而德国文明对于世界文明也是如此。这种观念的影响不仅表现在德国的经济原则上,甚至还体现在执政者努力调整整个教育体系,以一国私利为中心,轻视我们所理解的自由教育上。在这种观点下,教育的目的是培养忠诚的公民,他们的观念与执政者一致。德国皇帝曾在一个场合说道:"我们应该培养年轻的德意志国民,而不是年轻的希腊人或罗马人。"就好像古典教育的目的是将现代青年变为希腊人或罗马人,而不是使他熟悉现代文明的源头。为了实现这一目标,德国的整个基础教育都遵循着这个观念。幸运的是,这种非常不充分的教育观念并没有被普遍接受,事实上,德国的高等教育令泛日耳曼主义者非常厌恶,其仍然在很大程度上受到早期更真实思想的影响。这给了我们一些希望,即在这场战争中被击败的德国,将会觉醒并认识到,长期来看,采取强力和阴谋的政策注定会自取灭亡。然而,要形成一个包括同盟国在内的国际联盟,必须发生非常大的心态转变,这一点不能忽视。正如我们所主张的,这个全面的计划对于联盟的成功至关重要。如果同盟国被排除在外,被迫退回自身,那么我们就必须寻找一种新的形式来延续目前不值得信任的均势思想。战争很有可能会再次爆发,这场战争将会因为这些而更加激烈,比如建造比以往更具破坏力的军备,保持强大的陆军和舰队,以及将国家的精力转向维护独立。

国际联盟的一项重要任务是,为落后的共同体提供公平对待和逐渐发展的机会。对于政治家来说,没有比这更值得考虑的目标了,看起来也没有什么理由不将这些共同体纳入联盟的监管之下。如果不制定这样的安排,我们将会继续看到剥削体系及其带来的巨大祸害,以及一个野心勃勃、毫无原则的国家可能会动员本地居民参与战争的危险。这正是南非时常面临的危险之一。因此,甚至从他们自身的利益角度看,通过文明国家的共识来防范这种可能性也似乎是必要的。无论从哪个角度看,基督徒都有责任尽一切可能推动文明国家形成团结起来为促进人类福祉而努力的责任观念,并彻底抛弃治理国家的目标仅仅是一己私利这种观念。

参考文献

Jowett and Campbell, Plato's Republic. Oxford: Clarendon Press. 1894.

J. Adam, The Republic of Plato. Cambridge: The University Press. 1902.

Jowett, The Dialogues of Plato translated into English, with Analyses and Introduction. London: Macmillan and Co. 1892.

Bosanquet, The Education of the Young in Plato's Republic. Cambridge: The University Press. 1900.

—A Companion to Plato's Republic. London: Rivingtons. 1906.

Lindsay, The Republic of Plato translated into English. London: Dent and Co.

Nettleship, Lectures on the Republic of Plato. London: Macmillan and Co. 1910.

—Lectures and Philosophical Remains. London: Macmillan and Co. 1897.

—The Theory of Education in the Republic of Plato (Hellenica). Oxford: Rivingtons. 1880.

Edward Caird, The Evolution of Theology in the Greek Philosophers. Glasgow: MacLehose and Sons. 1904.

Sir Frederick Pollock, History of the Science of Politics. London: Macmillan and Co. 1912.

E. Barker, The Political Philosophy of Plato and Aristotle.

Susemihl and Hicks, The Politics of Aristotle. London: Macmillan and Co. 1894.

Newman, The Politics of Aristotle. Oxford: Clarendon Press. 1887.

Jowett, The Politics of Aristotle. Oxford: Clarendon Press. 1885.

Welldon, The Politics of Aristotle. London: Macmillan and Co. 1897.

Burnet, The Ethics of Aristotle. London: Methuen and Co. 1900.

A. C. Bradley, Aristotle's Conception of the State. (Hellenica.) Oxford: Rivingtons. 1880.

Bolland and Lang, Aristotle's Politics. London: Longmans. 1897.

Dunning, A History of Political Theories. New York: The Macmillan Co. 1913.

Coker, Readings in Political Philosophy. New York: The Macmillan Co. 1914.

Bryce, The Holy Roman Empire. London: Macmillan and Co. 1873.

R. W. and A. J. Carlyle. A History of Mediaeval Political Theory. London: Blackwood. 1913.

G. D. Ferguson, History of the Middle Ages. Kingston, Ont. ; Uglow and Co.

R. L. Poole, Illustrations of the History of Mediaeval Thought. London: Williams and Norgate. 1884.

Bluntschli, The Theory of the State. Oxford: Clarendon Press. 1895.

Stökl, Geschichte der Philosophie des Mittelalters. Mainz: Kirkhheim. 1864.

Warde Fowler, The City-State of the Greeks and Romans. London: Macmillan and Co. 1893.

Thomas Aquinas, Opera Omnia. Paris. 1871—1880.

Dante, *De Monarchia*, translated by F. J. Church. London. 1879.

Machiavelli, The Prince, in Morley's Universal Library. London. 1889.

—Discourses on Livy, translated by Thomson. London. 1883.

Villari, Niccolo Machiavelli and His Times. London. 1878.

Morley, Machiavelli (Romanes Lecture). London. 1897.

Figgis, From Gerson to Grotius. Cambridge: The University Press. 1907.

Hobbes, Leviathan. Oxford: Clarendon Press. 1909.

Locke, Treatises on Civil Government. London: Routledge. 1903.

Green, Principles of Political Obligation. Works, Vol. II. London: Longmans.

1888.

Spinoza, Tractatus Politicus and Tractatus Theologico-Politicus, ed. Van Vloten and Land. The Hague. 1882.

Elwes, Translation of Spinoza's Political Treatises. London: Bell and Sons. 1903.

Duff, Spinoza's Political and Ethical Philosophy. Glasgow: MacLehose and Sons. 1903.

Seth, English Philosophers and Schools of Philosophy. London: Dent. 1912.

Maccunn, Six Radical Thinkers. London: Edward Arnold. 1907.

Rousseau, Contrat Social. Pans: Firmin-Didot et Cie. 1886.

Tozer, The Social Contract of Jean Jacques Rousseau. London: Allen and Co. 1912.

Immanuel Kant, Werke, Bd. VII. ed. Hartenstein. Die Rechtslehre. Leipzig: Leopold Voss. 1868.

Hastie, Kant's Philosophy of Law. Edinburgh: T. and T. Clark. 1887.

—Kant's Principles of Politics. Edinburgh: T. and T. Clark. 1891.

M. Campbell Smith, Perpetual Peace, A Philosophical Essay by Immanuel Kant. London: Allen and Unwin. 1915.

Edward Caird, The Critical Philosophy of Kant. Glasgow: MacLehose. 1892.

—Essays in Literature and Philosophy. Glasgow: MacLehose. 1892.

—Hegel (Blackwood's Philosophical Classics). London: Blackwood. 1883.

Hegel, Philosophic des Rechts. Berlin. 1854.

—Encyklopaedie: Die Philosophic des Geistes. Berlin. 1845.

Dyde, Hegel's Philosophy of Right. London: Bell and Sons. 1896.

Wallace, Hegel's Philosophy of Mind. Oxford: Clarendon Press. 1894.

Hutchison Stirling, Lectures on the Philosophy of Law. London: Longmans. 1873.

Bentham, Theory of Legislation. London: Trübner and Co. 1871.

John Stuart Mill, Representative Government. London: Longmans. 1872.

—Political Economy. London: Parker. 1849.

—Dissertations and Discussions. Boston: Spencer. 1865.

—Subjection of Women. London: Longmans. 1869.

—On Liberty. London: Longmans. 1871.

John Stuart Mill, Autobiography. New York: Holt and Co. 1873.

—Utilitarianism. London: Longmans. 1901.

Herbert Spencer, Social Statics. New York: Appleton. 1875.

—First Principles. New York: Burt Company.

—Data of Ethics. New York: Burt Company.

—Man versus the State. London: Watts and Co. 1909.

—Principles of Sociology. New York: Appleton. 1909.

Ritchie, Principles of State Interference. London: Swan Sonnenschein and Co. 1902.

Gowans, Selections from Treitschke's Lectures on Politics. London: Gowans and Gray. 1914.

Davis, The Political Thought of Heinrich von Treitschke. London: Constable. 1914.

Barker, Nietzsche and Treitschke, in Oxford Pamphlets, No. 20. Oxford: University Press. 1914.

Bosanquet, The Philosophical Theory of the State, 2nd ed. London: Macmillan and Co. 1910.

—Social and International Ideals. London: Macmillan and Co. 1917.

Ritchie, Natural Rights. London: Swan Sonnenschein and Co. 1895.

F. H. Bradley, Ethical Studies. London: King and Co. 1876.

The International Crisis. Oxford: University Press. 1915.

Proceedings of the Aristotelian Society. Articles by G. D. H. Cole, B. Bosanquet, C. Delisle Burns, and Hon. Bertrand Russell. London: Williams and

Norgate. 1915.

Muirhead, The Service of the State. London: Murray. 1908.

Haldane, Higher Nationality. New York: Dutton and Co. 1914.

Durkheim, De la Division du Travail Social. Paris: Alcan. 1902.

Schaeffle, The Quintessence of Socialism. New York: Humboldt Library.

—The Impossibility of Social Democracy. London: Swan Sonnenschein. 1892.

Skelton, Socialism, A Critical Analysis. Boston: Houghton Mifflin and Co. 1911.

Sir Henry Jones, The Working Faith of the Social Reformer. London: Macmillan and Co. 1910.

Laski, Studies in the Problem of Sovereignty. New Haven: Yale University Press. 1917.

Barker, Political Thought from Spencer to To-Day. London: Williams and Norgate. 1915.

Grant and Others, An Introduction to the Study of International Relations. London: Macmillan and Co. 1916.

Muirhead, What Imperialism Means. Fortnightly Review. Aug. 1900.

—German Philosophy in Relation to the War. London: Murray. 1915.

Maciver, Community. London: Macmillan and Co. 1917.

Baby and Morgan, War, its Conduct and Legal Aspects. New York: Dutton and Co. 1915.

Delisle Bums, The Morality of Nations. London: University of London Press. 1915.

Egerton, The British Dominions and the War. Oxford Tracts. No. 21.

—Is the British Empire the Result of Wholesale Robbery? No. 23. Oxford: University Press. 1914.

Higgins, The Law of Nations and the War. Oxford Tracts. No. 24.

—Non-combatants and the War. No. 49. Oxford: University Press. 1914.

Hobson, The Crisis of Liberalism. London: King and Son. 1909.

Woolf, International Government. London: Allen and Unwin. 1916.

Harrison, The Modern Machiavelli. Nineteenth Century, Sep. 1897.

Greenwood, The Law of the Beasts. Nineteenth Century, Oct. 1897. Federation. Edinburgh Review, July, 1917.

Sir John Macdonnell, Super-Nationalism. Contemporary Review. May, 1918.

Fabian Essays. London: Walter Scott. 1889.

Brailsford, A League of Nations. London: Headley Bros. 1917.

Burnet, Higher Education and the War. London: Macmillan and Co. 1917.

H. G. Wells, The Fourth Year. Macmillan and Co. 1918.

索 引

(所标页码为原书页码，即本书边码)

Alcidamas 阿尔西达马斯 5

Aristotle 亚里士多德

    Politics《政治学》3, 169

    Criticism of Plato's Communism 对柏拉图共产主义的批评 32, 40-42

    Natural conditions of the State 国家的自然条件 33

    Matter and form of the State 国家的物质和形式 34-35

    Nature, Necessity and Human Agency 自然、必需品和人类能动性 35

    Relations of the Family and the State 家庭与国家关系 35-36

    Origin of the State 国家的起源 37

    Defence of slavery 为奴隶制辩护 28-39

    Property and wealth 财产和财富 39-40

    Conception of Democracy 民主的概念 43-45

    Theory of Education 教育理论 45

    Critical estimate of 对～的批判性评价 46-51

    Distinction of Society and the State 社会和国家的区别 51-52

Asquith, The Balance of Power 阿斯奎斯，均势 266

Balance of Power 均势 266-268, 270

Baty, Maritime War 巴蒂，海战 283

Bebel, Capitalism 倍倍尔，资本主义 241

Bentham, Political theory of 边沁的政治理论 147, 193, 212

Bernard, St., Political theory of 圣伯纳德的政治理论 70

Bernhardi, Relation of, to Treitschke 伯恩哈迪与特赖奇克的关系 171

Bodin, Political theory of 博丹的政治理论 88-89

Bosanquet, Morality of the State 鲍桑葵，国家的德性 205, 208, 217, 263

Boycott of Germany unwise 抵制德国是不明智的 270

Bradley, A. C., The League of Nations A. C. 布拉德利,国际联盟 263-264

Bradley, F. H., The Moral Organism F. H. 布拉德利,道德有机体 245

Brailsford, The burden of armaments 布雷斯福德,军备的负担 267

British Empire, Character of the 英帝国的教义 270-276

Büchner, Political theory of 毕希纳的政治理论 170

Christianity, Influence of 基督教的影响 188

Cicero, Political theory of 西塞罗的政治理论 59-61, 188

City-State 城邦 1, 184-188

Clausewitz, Theory of War 克劳塞维茨,战争理论 173, 279

Cole, G. D. H., Political theory of G. D. H. 柯尔的政治理论 208-212

Cynics, The Philosophy of 犬儒主义者的哲学 6

Cyrenaics, The Philosophy of 昔勒尼学派的哲学 7

Dante, the *De Monarchia* 但丁,《论世界帝国》73-76, 189

Dawson, An Inter-State Parliament 道森,跨国议会 264

Education 教育

　Plato's theory of 柏拉图的～理论 23

　Aristotle's theory of 亚里士多德的～理论 45

　German conception of 德国的～观念 285-286

Erasmus, Condemnation of War 伊拉斯谟对战争的谴责 251

Fathers, The Christian 基督教教父

　Political theory of ～的政治理论 63-64

　Relation to war ～与战争的关系 250-251, 254

Feudalism 封建主义 66-68, 189

Fichte, Addresses to the German People 费希特,致德意志人民的演讲 169

Germany, Development of political unity of 德国的政治统一的发展 168

Gorgias 高尔吉亚 4

Greece, Physical features of 希腊的地理特征 33

Green, T. H., Citizenship T. H. 格林,公民权利 224

Political obligation 政治义务 276

Grey, Viscount, on League of Nations 格雷子爵,关于国际联盟 268-269

Grotius, Theory of International Law 格劳秀斯,国际法理论 89-90, 190, 251, 254

Haeckel, Materialism of 海克尔的唯物主义 170-171

Haldane, Lord, Higher Nationality 霍尔丹勋爵,高等国民性 228

Hegel 黑格尔
  Political philosophy of ～的政治哲学 127-146, 165-168
  Relation to Rousseau ～与卢梭的关系 128
  ～Kant ～与康德的关系 128, 192
  ～Clausewitz ～与克劳塞维茨的关系 167
  ～Treitschke ～与特赖奇克的关系 172
  ～Heraclitus ～与赫拉克利特的关系 3

Higgins, The Laws of War 希金斯,战争法 282-283

Hobbes 霍布斯
  Political theory of 霍布斯的政治理论 91-92, 123, 191
  Condemnation of war 霍布斯对战争的谴责 250
  Critical estimate of 对霍布斯的批判性评价 123

Huss, Political theory of 胡斯的政治理论 80, 190

James, H. R., War in classical times H. R.詹姆斯,古典时代的战争 277 n.

Jurists, Roman, the "law of nature" 罗马法学家,自然法 188

Justinian's Institutes《法学阶梯》63

Kant 康德
  Principles of Jurisprudence 法学的原则 112-117
  Critical estimate of 对～的批判性评价 117-127, 192, 195, 215
  Hegel's relation to ～与黑格尔的联系 127
  Theory of Punishment of ～的惩罚理论 242-243
  International Relations 国际关系 252-253

Kautsky, Capitalism 考茨基,资本主义 241

Laski, Problem of Sovereignty 拉斯基,最高统治权的问题 200-201

Law, Resistance to 法律,抵抗 232-233

League of Nations 国际联盟 253-270

Locke, Political theory of 洛克的政治理论 102-103, 191-192

Luther, Influence on political theory 路德,对政治理论的影响 88, 190

Machiavelli, Political theory of 马基

雅维里的政治理论 81-86
Critical estimate of 对马基雅维里的批判性评价 86-87, 247-248
Maine, Sir Henry, on International Law 梅因爵士,关于国际法 254
Marsiglio, *Defensor Pacis* 马西利乌斯,《和平的保卫者》76-79, 189
Middle Ages 中世纪
 Theory of Society 社会理论 65-70
 Independent corporations 互不相关的法人 69
 Church versus Empire 教会对抗帝国 68, 81
Mill, James, Political theory of 詹姆斯·穆勒的政治理论 150
Mill, John Stuart, Political theory of 约翰·斯图尔特·穆勒的政治理论 151-159, 193, 212, 213
Moleschott, Materialism of 摩莱萧特的唯物主义 170
Morley, Lord, Duty of an Empire 莫莱子爵,帝国的责任 274
Murray, Gilbert, on Euripides 吉尔伯特·默里,论欧里庇得斯 277
Macdonnell, Sir John, Proposals for League of Nations 约翰·麦克唐纳先生,国际联盟的建议 264-266
Nation-State 民族国家
 Complexity of ～的复杂性 193-194
 not based upon Contract ～并非基于契约 194-197
 Sovereignty of ～的最高统治权 179, 191, 197-208
 Relation to the Family ～与家庭的关系 198
  the Trade Union ～与工会的关系 198
  the Church ～与教会的关系 199-205
  the community ～与共同体的关系 202-212
 Individualistic theory of ～中的个人主义原则 212-213
 Morality in ～中的德性 214-216
Penn, Proposal for International Tribunal 佩恩,国际法庭 252
Pericles, Funeral Oration 伯里克利,葬礼演说 1-2
Philips, Alison, on International League 菲利普,关于国际联盟 259
Plato 柏拉图
 Problem of ～的问题 2-3
 The *Apology*《申辩》8-9
 The *Crito*《克力同》9-10
 The *Protagoras*《普罗泰戈拉》10-12
 The *Meno*《美诺》12-13

The *Euthydemus*《欧绪德谟》13-14

The *Gorgias*《高尔吉亚》14-16

Estimate of Athens 对雅典的评价 16

Problem of the *Republic*《理想国》的问题 16-19

"Parts" of the soul and classes of society 社会的灵魂和等级 19-21

Virtues of citizens 公民的美德 21-23

Education 教育 23-24

Position of women 女性的职业 24-25

Communism 共产主义 25-26, 40-42

Philosopher-Kings 哲学王 26-27

Why philosophy is despised 为何哲学受轻视 27-28

Critical estimate of 对~的批判性评价 28-32, 46-52, 184-185

Political theory, Development of 政治理论的发展 57-64, 65 ff., 186-193

Pollock, Sir F. 波洛克爵士

  Relation of the State to subordinate organisations 国家与下级部门的关系 204

  Hague Convention《海牙公约》256

  League to enforce Peace 强制和平的联盟 258

Polybius, Analysis of Roman Republic 波利比乌斯对罗马共和国的分析 57-59

Prodicus 普罗狄克斯 5

Protagoras 普罗泰戈拉 4

Punishment 惩罚

  Kant's theory of 康德的~理论 242-243

  Durckheim's theory of 涂尔干的~理论 243-246

Rights 权利

  System of ~体系 222 ff.

  Right to life 生命~ 211-212, 230-231

    to liberty 自由~ 231-232

    to equality 平等~ 214-215, 233-234

    to property 财产~ 234-235

    of contract 契约自由~ 232, 235

    to punish 惩罚~ 242-246

Roman Republic, Character of 罗马共和国的教义 57-61, 185

Roman Empire, character of 罗马帝国的教义 61-62, 271-272

Roman Empire and the State 罗马帝国与国家 186

Rousseau 卢梭

  Contrat Social《社会契约论》

104-108, 192

Critical estimate of 对～的批判性评价 109-112

Russell, Bertrand, Loyalty 伯特兰·罗素,忠诚 259-261

Scholasticism, Character of 经院哲学的教义 71

Smuts, General, The British Empire 史末资将军,英帝国 272

Social Contract theory, Defects of 社会契约论,缺少 194-196

Socialism 社会主义

  Earlier form of 社会主义的早期形式 237-238

  Fabian 费边社会主义 235

  Guild 行会社会主义 241-242

Socrates, Political theory of 苏格拉底的政治理论 5-6

Sophists, Political theory of 智者的政治理论 4-5, 186

Spencer, Herbert 赫伯特·斯宾塞

  Political theory of ～的政治理论 145-148, 159

  Critical estimate of 对～的批判性评价 160-164, 193

Spinoza 斯宾诺莎

  Political theory of ～的政治理论 92-99

  Critical estimate of 对～的批判性评价 99-102

Stoics 斯多亚学派

  The Philosophy of ～的哲学 53-55

  Critical estimate of 对～的批判性评价 55-57

Themistocles, Statesmanship of 特米斯托克利的政治家才能 34

Thomas Aquinas, Political theory of 托马斯·阿奎那的政治理论 63-64, 71-72

Treitschke 特赖奇克

  Political theory of ～的政治理论 171-178, 247

  Critical estimate of 对～的批判性评价 178-183

Ulpian, Distinction of jus naturae from jus gentium 乌尔比安,自然法和万民法的明显区分 62-63

Wallas, Graham, "Human Nature in Politics" 华莱斯,《政治中的人性》224-229

War 战争

  Causes of ～的原因 247-250

  History of ～的历史 250-251

  Christian Fathers' view of 基督教教父关于～的观点 251

  Erasmus' view of 伊拉斯谟关于～的观点 251

  Green's view of 格林关于～的观点 262-263

  Plato's view of 柏拉图关于～的观点 278

Aristotle's view of 亚里士多德关于～的观点 278

Polybius' view of 波利比乌斯关于～的观点 278

Regulations for conduct of 关于～的行为规定 257-261, 279-285

Wilson, President, Organisation of Peace 威尔逊总统,维持和平的组织 266-267

图书在版编目（CIP）数据

和平与战争中的国家 /（英）约翰·华特生著；杨美姣译. -- 北京：商务印书馆，2025. --（英国观念论名著译丛）. -- ISBN 978-7-100-25037-5

I. D03

中国国家版本馆 CIP 数据核字第 2025UR8762 号

权利保留，侵权必究。

英国观念论名著译丛
和平与战争中的国家
〔英〕约翰·华特生　著
杨美姣　译

商 务 印 书 馆 出 版
（北京王府井大街36号　邮政编码100710）
商 务 印 书 馆 发 行
南京新洲印刷有限公司印刷
ISBN 978-7-100-25037-5

2025年5月第1版	开本 889×1194 1/32
2025年5月第1次印刷	印张 8 3/8

定价：48.00元